Was ist das Schwerste von allem?
Was dir das Leichteste dünket:
Mit den Augen zu sehn,
was vor den Augen dir liegt.

(Goethe)

Franz Haverkamp

Analysen – Symbole

Inspirationen im Tagebuch eines Aufsässigen

6202-10

Unbewusst im Dialog mit dem
Unbewussten und der
Geistigen Welt

Bibliografische Information der Deutschen Nationalbibliothek:
Die Deutsche Nationalbibliothek verzeichnet diese Publikation in der Deutschen Nationalbiblio-
grafie; detaillierte bibliografische Daten sind im
Internet über http://dnb.dnb.de abrufbar.

Umschlagfoto: fotolia
Herstellung und Verlag: BoD – Books on Demand,
Norderstedt

ISBN: 978-3-7597-2853-1

Für

meine Kinder und alle,
die auf der Suche sind nach dem Sinn
ihres Lebens

In

Liebe zu Gott und seiner Schöpfung
und mit Dank an alle, die an der
Entstehung und Bearbeitung
der vorliegenden Texte
beteiligt waren

Inhalt

Vorwort

Berichte über geistige Welten und ihre Verbindungen zu uns gibt es seit Jahrtausenden. Doch die Beschäftigung mit ihnen fällt dem wissenschaftsgläubigen Menschen in der heutigen Zeit sehr schwer. Aufgrund moderner Forschungsergebnisse glaubt er, die Existenz eines materieunabhängigen Geistes anzweifeln bzw. negieren zu dürfen, obwohl das Wissen um das Wesen der Materie mit ihren inneren und äußeren Grenzbereichen sowie die Kenntnis der Psyche einschließlich des Unbewussten noch fehlen. Damit wird die allgegenwärtige Kommunikation der Geistigen Welt mit uns bzw. mit unserem Unbewussten außer Acht gelassen, und als Folge davon wird auch nicht hinterfragt, aus welchen geistigen Bereichen unsere Gedanken und unsere daraus resultierenden Entscheidungen kommen.

Wie nachteilig diese Entwicklung für uns Menschen ist, wird in der Buchreihe „Analysen – Symbole, Inspirationen im Tagebuch eines Aufsässigen" dargestellt. Über Inspirationen, die ich von 1957 bis 1966 empfing, aber als solche nicht erkannte, wird

- das Wesen der Inspiration erklärt und damit auf die Existenz von geistigen Welten einschließlich der möglichen Verbindung zu ihnen hingewiesen
- die Anwendung der Traumsymbolsprache, die mir damals noch völlig fremd war, demonstriert
- auf die verhängnisvollen Auswirkungen des Materialismus aufmerksam gemacht
- und im Rahmen einer Psychoanalyse mein eigenes Fehlverhalten und ein solches in unserer Gesellschaft aufgezeigt.
- Schließlich werden sehr wichtige Fragen im Zusammenhang mit unserem Dasein, unserem Zusammenleben und mit dem Ausleben unserer Sexualität diskutiert
- und aus den Texten geht auch hervor, dass unsere Hinwendung zum Himmel, vor allem in Zeiten seelischer Not, nicht unbeantwortet bleibt.

Zum Zeitpunkt der hier vorliegenden Tagebucheintragungen hatte ich infolge meiner damaligen Wissenschaftsgläubigkeit meinen Glauben an Gott und an die Existenz einer geistigen Welt weitgehend verloren. Ich empfand mich nur noch als ein reagierendes Wesen, das seinem Tod und der damit verbundenen Auflösung seiner Existenz entgegenlebte. Dieses bedrückte mich sehr.

Gedanken, die auf Reaktionsabläufen im Gehirn beruhten, mochte ich nicht. Dennoch verspürte ich ein starkes Drängen in mir, zu schreiben. Ich kaufte mir ein Tagebuch. Wenn ich dann nach dem üblichen Eintrag von alltäglichen Geschehnissen mich schriftlich mit einem Problem auseinandersetzen wollte, wusste ich wegen meiner negativen Einstellung der Gedankentätigkeit gegenüber meist nicht, wie ich beginnen sollte. Ich war bereit, Worte zusammenhanglos aneinanderzufügen, um ein reflexhaftes Denken zu durchbrechen und dadurch zu neuen Vorstellungsinhalten zu kommen. Meist saß ich eine Zeit lang gedankenlos vor meinem Tagebuch und wartete auf einen Einfall, der sich dann auch bald einstellte, und zwar mit einem anschließenden Wortfluss, der eine gewisse Zeit andauerte und dann plötzlich wieder abbrach. Wort für Wort dieses Wortflusses schrieb ich ins Tagebuch, ohne zu verstehen, was ich schrieb. Es war oft chaotisch und ähnelte einer schizophrenen Ausdrucksweise. Aber hinterher war ich erleichtert und hatte ein deutliches Gefühl der Zufriedenheit. 1966, mit meinem Eintritt ins Berufsleben, beendete ich meine Tagebucheintragungen. Die Tagebücher bewahrte ich sorgfältig auf. In den 1990er Jahren dachte ich wiederholt daran, sie zu verbrennen, um nach meinem Tod bei meinen

Kindern kein schlechtes bzw. falsches Bild von ihrem Vater zu hinterlassen.

Etwa 40 Jahre später, zu Beginn meines Ruhestandes, fiel mir bei einer Durchsicht der Tagebücher auf, dass die Texte stellenweise einen Dialogcharakter besaßen. Ich wurde neugierig und fand bei der Übertragung der Texte in den Computer schließlich heraus, dass es sich bei ihnen zumeist um verschlüsselte Dialoge mit meinem Unbewussten und mit der Geistigen Welt handelte, wobei ich, und zwar in der Zeit von 1957 bis 1966, ohne dass ich mir dessen bewusst war, als Schreibmedium, als eine lebendige Schreibmaschine fungierte. Die mir übermittelten Texte waren verschlüsselt, und zwar mit Hilfe von

- Traumsymbolen (die ich damals noch nicht kannte)
- Synonymen
- mir oft nicht geläufigen Wortbedeutungen
- Redewendungen bzw. Redensarten
- Wortumstellungen im Satz und Satzfragmenten
- stichwortartigen Hinweisen und
- vereinzelten Wortneuschöpfungen.

Die für die Entschlüsselung der Tagebuchtexte notwendigen Traumsymbole fand ich zumeist in einem Traumlexikon, das zum Zeitpunkt der Tagebucheintragungen noch gar nicht existierte. Ich selbst beschäftigte mich mit der Traumsymbolsprache nach meiner Erinnerung erst 20 bis 30 Jahre später. Die in den Text passenden Synonyme stammen überwiegend aus dem Synonym-Wörterbuch des Duden. Nicht selten musste ich aber ihretwegen im Internet recherchieren. Bezüglich der mir nicht geläufigen Wortbedeutungen wurde ich zumeist im Wörterbuch der deutschen Sprache von Bertelsmann (Wö. d. dt. Spr. v. Be.) fündig. Letzteres wurde erst 2004 gedruckt.

Zu erwähnen ist noch, dass von der mit mir kommunizierenden Geistigen Welt mein Umgang mit den Tagebuchtexten, der zeitliche Ablauf ihrer Identifizierung, die Schwierigkeit ihrer Interpretation und ihre anschließende Veröffentlichung vorausgesagt wurden. Dieses und viele andere in den Texten gemachte und eingetroffene zeitliche Vorhersagen

- beweisen in Verbindung mit den oben angeführten Fakten unwiderlegbar die Existenz eines materieunabhängigen Geistes.

Die in den Tagebüchern von mir selbst – bewusst oder unbewusst – vorgebrachte Kritik ist sehr oft ungerechtfertigt. Sie erinnert an das Verhalten eines kleinen Kindes, das aufgrund seiner Unwissenheit noch ungezogen und aufsässig ist und seiner Umgebung manch einen körperlichen und seelischen Schmerz zugefügt. Ich bitte deswegen meine Leser um Nachsicht bei der Lektüre, zumal die hier vorliegenden Texte, die meinerseits nicht für eine Veröffentlichung bestimmt waren, sozusagen unverändert aus meinen Tagebüchern übertragen wurden.

Die im Buch vorliegenden Tagebuchtexte werden an erster Stelle, abgesehen von geringfügigen Korrekturen, im Original wiedergegeben. An zweiter Stelle folgt ihre Differenzierung bzw. Aufgliederung und an dritter Stelle ihre Deutung. Bei der Aufgliederung wird unterschieden zwischen meinen wachbewussten Äußerungen und solchen meines Unbewussten und der Geistigen Welt. Die Texte wurden von mir viele Male überarbeitet. Trotzdem ist es möglich, dass einzelne Textstellen von mir noch nicht richtig verstanden bzw. gedeutet wurden und einer späteren Korrektur bedürfen.

Abschließend bedanke ich mich bei allen, die mir bei der Bearbeitung und Veröffentlichung meiner Tagebücher geholfen haben.

Anmerkung: Der Autorenname „Franz Haver-kamp" ist ein Pseudonym. Er wurde gewählt wegen seiner symbolischen Beziehung zu bestimmten Textstellen im Tagebuch.

Tagebuchtexte
vom 18.2. bis 22.10.1962
original, bearbeitet und gedeutet

Sie rufen es in die Nacht. Wohin sie es rufen. In jene Nacht, dort, wo der Blinde den Blinden küsst, dort, in die Tiefe des Meeres, in jenes, dort, Unerlebte, in alles dort, wozu sie nicht fähig sind. Bleich war die Armut, rotglühender Ball der Sonne, meine Verzweiflung, wild springendes Wasser. Sag, ach, Ich, sage mir doch das Schöne. Die Kette, die Ketten liegen fest. Wer legte sie fest? Der Hafenarbeiter. Ja, der war's. Dieser da. Sie dreht sich in ihren Ketten, sie umdreht ihre Ketten, die Ketten umdrehen sie. Ich sah ein Rad, das in der Kette drehte, die drehende Kette, das Absurde. Es liegt auf der Straße. Wo du gehst, wirbelt es auf. Du atmest es ein. Es zerstört dich wie eine Säure, die das Gewebe zerfrisst.

Aufgliederung des Textes

Sie rufen es in die Nacht. – Wohin sie es rufen? – In jene Nacht dort, wo der Blinde den Blinden küsst, dort in die Tiefe des Meeres, in jenes dort Unerlebte, in alles dort, wozu sie nicht fähig sind. Bleich war die Armut. Rotglühender Ball der Sonne. Meine Verzweiflung, wild springendes Wasser. – Sag, ach Ich, sage mir doch das Schöne!

Die Kette!

Die Ketten liegen fest!

Wer legte sie fest?

Der Hafenarbeiter.

Ja, der war's! Dieser da!

Sie dreht sich in ihren Ketten, sie umdreht ihre Ketten, die Ketten umdrehen sie. Ich sah ein Rad, das in der Kette drehte, die drehende Kette, das Absurde.

Es liegt auf der Straße! Wo du gehst, wirbelt es auf! Du atmest es ein! Es zerstört dich wie eine Säure, die das Gewebe zerfrisst!

Deutung
> ➢ Tagebucheintrag inspiriert.

Sie rufen es in die Nacht. –
> ➢ Nämlich die mich inspirierenden inne-
> ren Stimmen, mir damals aber nicht
> bewusst. Sie „rufen" das, was ich hier
> ins Tagebuch schreibe, in die Nacht.

Wohin sie es rufen? – In jene Nacht dort, wo der Blinde den Blinden küsst,

> „Die Nacht stellt im Traum den gesamten Bereich des Unbewussten dar, der im Dunkeln liegt." (Günter Harnisch). – „Ich war mit Blindheit geschlagen" bedeutet nach dem Wörterbuch der deutschen Sprache von Bertelsmann (Wö. d. dt. Spr. v. Be.) „ich habe es nicht erkannt, nicht durchschaut".

dort in die Tiefe des Meeres,

> „Das Meer ist ein archetypisches Symbol für den Ursprung des Lebendigen überhaupt, nicht des persönlichen Lebens eines Individuums. In seiner unabsehbaren Tiefe und Weite stellt es im Traum das Kollektive Unbewusste dar ..." (Günter Harnisch)

in jenes dort Unerlebte, in alles dort, wozu sie nicht fähig sind.

> „Zu etwas fähig sein" bedeutet nach dem Wö. d. dt. Spr. v. Be. „etwas tun können, die Kraft, das Geschick haben, etwas zu tun, in der Lage sein, imstande sein".

Bleich war die Armut.

> ➢ Nach den Wö. d. dt. Spr. v. Be. hat „bleich" die Bedeutung von „ohne gesunde Farbe, blass, weißlich", zum Beispiel „das bleiche Licht des Mondes". Das Mondlicht als ein indirektes Licht symbolisiert in meinen inspirierten Tagebuchtexten zumeist das Verstandeslicht, den Verstand, das Verstandesdenken. — Im Wö. d. dt. Spr. v. Be. wird „Armut" definiert als „Zustand des Armseins", zum Beispiel „geistige Armut".

Rotglühender Ball der Sonne.

> ➢ Gemeint ist die Sonne bei ihrem Untergang, und zwar (aus materialistischer Sicht) als materieller Himmelskörper. — „Die Sonne ist eines der positivsten Traumsymbole. Sie kennzeichnet im Traum stets produktive schöpferische Energie, die künstlerische Ideen oder Bewusstseinsprozesse in Gang bringt." (Günter Harnisch). — „Die positive (männliche) Kraft der Seele, Energie-

symbol des Lebens, des Schöpferischen, des Befruchtenden, denn in den meisten Kulturen wird die Sonne als männlich angesehen. Wo sie im Traum aufgeht, da ist Erfolg in allen Lebensbereichen zu erwarten. Wo sie untergeht, mündet eine Glücksphase ins Alltägliche. Die leuchtende Kraft der Sonne erhellt unser Bewusstsein und macht uns für neue und gute Taten bereit …" (Georg Fink). – „… Das leuchtendste und größte Energiesymbol ist die Sonne. Wo sie im Traum aufgeht, ist stärkste Wirkung, ist ein tätiger Morgen zu erwarten. Nur in den Wüstenträumen kann die sengende Glut dem Wanderer den Tod bringen. Sonst aber ist sie die Bringerin des Lebens, des Schöpferischen, Befruchtenden. Sonnenuntergänge aber sind im Traum meist von negativer Bedeutung, eine Bewusstseinsphase geht zu Ende." (Ernst Aeppli). – „… Betrachten wir die Sonne (Orange) und die Erde (Blau), so finden wir in ihnen

Urbild und Vorbild des Liebens. Das war auch der Inhalt der Sonnenreligion Altägyptens und wird auch die Religion des Wassermannzeitalters, des Evangeliums der Sonne sein." (Heinrich Elijah Benedikt)

Meine Verzweiflung, wild springendes Wasser. –

> „Das Wasser symbolisiert im Traum unbewusste seelische Energie ..." (Günter Harnisch)

Sag, ach Ich, sage mir doch das Schöne!

Die Kette!

> Denn in einem „wild springenden Wasser" ist das Schöne ein fester Halt.

Die Ketten liegen fest!

> „Die Kette symbolisiert eine feste Bindung im positiven wie im negativen Sinne, auch in der Form einer Gebundenheit ..." (Günter Harnisch)

Wer legte sie fest?

Der Hafenarbeiter.

> „Alle im Traum auftauchenden Perso-
> nen können bestimmte Aspekte der
> Persönlichkeit des Träumenden spiegeln
> …" (Günter Harnisch). – „Wer den
> Schutz eines Hafens sucht, hat oft
> Angst vor den Stürmen des Lebens. Als
> Traumbild deutet der Hafen daher
> meist auf Sicherheitsbedürfnis, auch auf
> Hemmungen, Minderwertigkeitsgefühle
> und Lebensangst hin. Das gilt jedenfalls
> dann, wenn man im Hafen fest vor An-
> ker gehen und den Hafen nicht so bald
> wieder verlassen will …" (Günter Har-
> nisch)

Ja, der war's! Dieser da!
> Nämlich „dieser da" in meinen vorste-
> henden Ausführungen zu „der Hafenar-
> beiter".

Sie dreht sich in ihren Ketten,
> Nämlich „Meine Verzweiflung". – Nach
> dem Wö. d. dt. Spr. v. Be. hat „sich
> drehen" unter anderem auch die Be-

deutung von „eine andere Richtung nehmen".

sie umdreht ihre Ketten, die Ketten umdrehen sie.

> „Etwas, jemanden oder sich umdrehen" bedeutet nach dem Wö. d. dt. Spr. v. Be. „auf die andere Seite drehen, um 180° drehen".

Ich sah ein Rad, das in der Kette drehte,

> Nämlich ein Zahnrad am Hinterrad eines Fahrrads, ein Ritzel.

die drehende Kette, das Absurde.

> Im Wö. d. dt. Spr. v. Be. hat „absurd" die Bedeutung von „unsinnig, unvernünftig", abgeleitet vom lateinischen Wort „absurdus", auf Deutsch „misstönend, ungereimt, töricht, ungeschickt".

Es liegt auf der Straße! Wo du gehst, wirbelt es auf!

> Nämlich Staub. – Nach dem Wö. d. dt. Spr. v. Be. hat „aufwirbeln" die Bedeutung von „in die Höhe wirbeln", zum Beispiel „der Wind wirbelt Sand, Staub, Blätter von der Straße auf". – „Mit

Schweiß wirst du dein Brot verdienen, bis du zurückkehrst zur Erde, von der du genommen bist. Denn Staub bist du, und zu Staub wirst du werden." (1. Mose 3,19)

Du atmest es ein!

> Nämlich die Luft mit dem Staub, also die Lehre, dass der Mensch zu Staub werde.

Es zerstört dich wie eine Säure, die das Gewebe zerfrisst!

Seit gestern hier in der Stadt. Die Nacht auf Luftmatratze gelegen, dann Möbelschreiner gespielt. Wanderung durch die Stadt zum See. Dort am Nachmittag gebadet. Jetzt für eine Nacht in der Jugendherberge. Stadt schön, möchte gerne hierbleiben, bin aber leider zu alt, darum zu teuer. Weiß noch nicht, was ich morgen mache. Vielleicht ins Strandbad, vielleicht weiter nach Mailand. Die Alpen sind schon zu sehen, glaube es jedenfalls.

Bin heute mit dem „Warum" der Gastrulation nicht sehr viel weitergekommen. Furchung bis zum Morulastadium sehr einleuchtend (die Zweckmäßigkeit des Metazoon). Furchungshöhle der Morula nicht klar. Zellen besitzen naturgemäß wesentliche Beziehung zur Umwelt. Diese bleibt ja auch im Mehrzellenstadium erhalten durch die interzellulären Räume, die urwüchsige Bedeutung besitzen. Die Zelle lebt dadurch wie im Wasser.
Was ist das Ergebnis der Gastrulation? Keimblätter – so sehr einfach! Liegen im Morulastadium noch keine Keimblätter vor? Sehr wahrscheinlich doch. Definition der Keimblätter, Grenzen, Bedeutung. Mit der Gastrulation wird ein Urmund geschaffen: Eingang für die Nahrung. Die Gastru-

lation wird sicher nicht von heute auf morgen dagewesen sein. Muss immerhin eine Vorgeschichte zu da sein. Habe überlegt, dass der Organismus im Mehrzellenstadium sicherlich im Rahmen der Differenzierung (vor der Gastrulation) eine Stelle an seiner Oberfläche besitzt, die besonders geeignet für die Nahrungsaufnahme ist. Man könnte annehmen, dass von hier aus die Gastrulation mit Bildung des Darmrohres begonnen hat. Mir ist nicht klar, ob die erste Leibeshöhle an der Bildung des Gastralrohres beteiligt ist.

Die Physik ist und bleibt unangenehm. Ich bin soweit, dass ich mit einiger Sicherheit sage, es gibt keinen leeren Raum, so anschaulich er auch ist, so schön er auch in ein Bilderbuch hineinpasst. Er schließt sich aus. Er ist, meine ich, eine der größten Lügen der Weltgeschichte. Bei aller Skepsis, die ich meiner Erkenntnis und meiner Logik entgegenbringe, ist meine Argumentation so: Gäbe es einen leeren Raum, so wäre er ein homogenes System. In diesem sind beliebige „Punkte" eins – unterschiedslos. Es fehlt ihm das Bezugssystem, das zu sagen erlaubt: es ist. Dies ist naturgemäß das Attribut, die erste Forderung, die Voraussetzung alles Seienden. Folglich muss dem Raum, dem leeren Nichts, das „Sein" abgesprochen werden. Alles, was vom theoretischen

Nichts unterschieden ist, erlangt erst durch die Substanz eine substantielle Seinsberechtigung. Man kann vornehm sagen: eine Conditio sine qua non.

10. August 1962 (Altdorf, Tell)

Weiß jetzt, was heute gemacht. In der Frühe weg von der Jugendherberge. Sehr lange gelaufen, da Angst (Scheu) vor dem „Anhalten".

> *Gemeint ist eine Scheu vor dem Anhalten von Autos mit dem Wunsch, von diesen mitgenommen zu werden.*

Situation die eines Bettlers. Dann ein Herz gefasst, einige Zeit gewartet und mit einem Studenten (Assistenten) ab nach Luzern. Stadt bedeutend kleiner als Zürich. Entlang dem Vierwaldstätter See (Promenade) zum Strandbad (Lido). Sehr teuer. Zum ersten Mal vom 6 bis 7 m hohen Turm gesprungen. Segel- und Motorboote und Menschen. Bis 18:00 Uhr im Bad, dann mit verschiedenen Fahrzeugen nach Altdorf. Der letzte Fahrer hatte Ähnlichkeit mit einem Hochstapler. Neben dem, was er alles tat und nicht tat, ausschließlich Gequatsche. Bin hier im Bahnhofhotel, lebe über meine Verhältnisse. Kostet bestimmt einige Tage Urlaub oder Brief nach Hause. Möchte morgen nach Italien kommen.

Komischer Tag heute. Immer wieder versucht, konzentriert ein EWG-Problem anzugehen.

> *Gemeint ist ein Problem in der Entwicklungsgeschichte.*

31

Zu viel Ablenkung. Gastrula wie gestern. Einziger Gedanke: Alle Stadien der Primitiventwicklung bis zum endgültigen Zustand Ausdruck eines vormaligen Entwicklungsstadiums. Nachprüfung steht aus.

Extremitäten. Gliederung in Knochen, Muskel, Haut. Primitivstadien der Knochen. Übergang von Knorpel in Knochen, Knochenbildung, enchondrale, perichondrale. Bedeutung der Knochenbildung. Art der Knochenbildung. Gelenke. Deformationen unter dem Einfluss der Funktion und der Muskelansätze?

Stand heute oft am Wasser. Sah das Sonnenlicht in den kleinen Wellen wie in Spiegeln. Es waren sehr viele auf dem großen Wasser, die das Licht reflektierten, für eine kurze Zeit nur, die dann wieder fortgingen, um anderswo wieder aufzuleuchten. Dabei wurde das Gras am Ufer bewegt. Größere Wellen kamen den Sand herauf, sich überschlagend, Schaum im Sand zurücklassend. Kleine Enten gab es im Wasser, im Seegras, einmal oben, einmal unten mit den Wellen. Ich sah immer das gleiche Bild. Das viele Wasser, Ameisen irgendwo, Heu auf den Wiesen und die Menschen!

11. August 1962, Samstag (Hospenthal)

Die Menschen haben den Kontakt zur Natur verloren. Der moderne Urlauber ist ein bisschen Mensch mit viel Auto, das Kilometer frisst, das stinkt und das die Welt unsicher macht. An den beschilderten „Sehenswürdigkeiten" halten sie kurz. Aus ihren Türen steigen blasse Gestalten mit Fotoapparat. Mit geübten Handgriffen ist das Bild schnell fertig. Vorsichtshalber ein zweites. Trautchen und Ewald sind noch zu ernst, man macht einen Witz. Weiter geht es, die Zeit aufholen, die durch die kurze Kulturpause verloren ging. Sie sehen am Straßenrand einen Anhalter. Papa gibt Gas. Meint zur Mama: „Zeig ihm mal, dass er einen Vogel hat!" Dann folgt der deutsche Gruß. Sie fahren dann weiter. Sie schlafen oder dösen stundenweise im Auto. In wachen Momenten mögen ihre Augen vielleicht die kahlen Felshänge hinaufklettern. Vielleicht hören ihre Ohren dann ein Rauschen im Abgrund neben der Straße. Sie denken dann, das ist ein Wildwasser, das von den Felsriesen durch enge Schluchten herabkommt und dann, zu großen Flüssen vereint, zum Meer geht. Jedenfalls lernten sie es so. Eine gute Idee, an der Stelle, wo das Wasser aus großer Höhe herabfällt, Frühstückspause zu machen. Sie müssen laut schreien, um sich zu hören. Das Kofferradio haben sie im Auto gelassen. So was Dummes. Mathildchen muss es holen. Aber aufpassen, dass es nicht fällt! Die harten Steine! Sie sitzen dort und essen, und ihr Schmatzen geht unter im Getöse des fallenden Wassers.

Die ersten Stunden ab neun heute die Straße zum Gotthard. Ich hatte keine Lust, Auto-Stopp zu machen. Gegen Mittag hielt neben mir ein Wagen. Italiener. Wollte mich mit nach Italien nehmen. Machte Rast unterwegs. Ich blieb im Auto. Brachte mir dann eine Flasche Bier mit. Fuhren weiter, ca. 10 km. Dort fiel ihm ein, dass er sein Geld liegen ließ. Er fuhr zurück, ich sollte warten. Bin weitergegangen. Habe ihn dann nicht mehr gesehen. Lange versucht weiterzukommen, aber Zeit und Straße ungünstig. Bleibe den Sonntag in dieser Jugendherberge.

Heute schöne Stunden gehabt. Bin die Straße entlang gewandert, habe mich über die Felsen gewundert, die noch Schnee haben, und über das Wasser in den Rinnen an ihren Wänden. Von weitem sieht es aus, als ob weiße Bänder herabhingen. Es gibt viele Felsen, und sie sind unterschiedlich in ihrer Form. Sie haben oben Zacken, die wieder wild zerklüftet sind. Darüber ist der Himmel, blauer Himmel, eine blaue Farbe mit weißen Feldern, unregelmäßig, bewegt, die sich absetzen. Der Felsen ist manchmal weiß, und daneben ist er grau. Dann wird er grün, wenn er nach unten breiter wird. Ich habe Steine in die Hand genommen und sie gegen die Sonne gehalten. Sie hatten die Form der Felsen, und ihre Kanten waren scharf und hart. Ich warf sie hinab in die Schlucht. Meine Hände trugen einen Stein, jenes Ding von unsteter Form, voll Härte.

Deutung

> ➢ Der dritte Absatz dieses Tagebuchein-trags ist wegen seines etwas anderen Schreibstils und auch wegen seiner Häufung von wichtigen Symbolen mei-nes Erachtens mithilfe der Inspiration zustande gekommen.

Die Menschen haben den Kontakt zur Natur ver-loren. Der moderne Urlauber ist ein bisschen Mensch mit viel Auto, das Kilometer frisst, das stinkt und das die Welt unsicher macht. An den beschilderten „Sehenswürdigkeiten" halten sie kurz. Aus ihren Türen steigen blasse Gestalten mit Fotoapparat. Mit geübten Handgriffen ist das Bild schnell fertig. Vorsichtshalber ein zweites. Trautchen und Ewald sind noch zu ernst, man macht einen Witz. Weiter geht es, die Zeit aufho-len, die durch die kurze Kulturpause verloren ging. Sie sehen am Straßenrand einen Anhalter. Papa gibt Gas. Meint zur Mama: „Zeig ihm mal, dass er einen Vogel hat!" Dann folgt der deut-sche Gruß. Sie fahren dann weiter. Sie schlafen oder dösen stundenweise im Auto. In wachen Momenten mögen ihre Augen vielleicht die kah-len Felshänge hinaufklettern. Vielleicht hören ihre Ohren dann ein Rauschen im Abgrund neben der Straße. Sie denken dann, das ist ein Wildwasser, das von den Felsriesen durch enge Schluchten herabkommt und dann, zu großen Flüssen vereint, zum Meer geht. Jedenfalls lernten sie es so. Eine gute Idee, an der Stelle, wo das Wasser aus großer Höhe herabfällt, Frühstückspause zu machen. Sie müssen laut schreien, um sich zu hören. Das Kofferradio haben sie im Auto gelassen. So was Dummes. Mathildchen muss es holen. Aber aufpassen, dass es nicht fällt! Die harten Steine! Sie sitzen dort und essen, und ihr Schmatzen geht unter im Getöse des fallenden Wassers.

–

Die ersten Stunden ab neun heute die Straße zum Gotthard. Ich hatte keine Lust, Auto-Stopp zu machen. Gegen Mittag hielt neben mir ein Wagen. Italiener. Wollte mich mit nach Italien nehmen. Machte Rast unterwegs. Ich blieb im Auto. Brachte mir dann eine Flasche Bier mit. Fuhren weiter, ca. 10 km. Dort fiel ihm ein, dass er sein Geld liegen ließ. Er fuhr zurück, ich sollte warten. Bin weitergegangen. Habe ihn dann nicht mehr gesehen. Lange versucht weiterzukommen, aber Zeit und Straße ungünstig. Bleibe den Sonntag in dieser Jugendherberge.

Heute schöne Stunden gehabt. Bin die Straße entlanggewandert,

> „Straßen oder Wege erscheinen im Traum als Symbole des Lebenswegs ...“ (Günter Harnisch)

habe mich über die Felsen gewundert, die noch Schnee haben,

> „Schroffes Gestein, Felsgeröll und Klippen symbolisieren körperliche und geistig-seelische Festigkeit und Stärke, aber auch Härte, Kälte und Egoismus. Sind die Felsen bewachsen, so deutet dies auf Gefühlsregungen hin.“ (Günter Harnisch). - „... Sonst aber ist es in der Seele kalt, wenn man von Eis und Schnee träumt ...“ (Ernst Aeppli)

und über das Wasser in den Rinnen an ihren Wänden.

> „Das Wasser symbolisiert im Traum unbewusste seelische Energie ...“ (Günter Harnisch). – Zu „Wand“ heißt es beim gleichen Autor: „Dieses Traumbild kommt in zwei unterschiedlichen Bedeutungen vor: Einmal verkörpert die Wand Schutz und Geborgenheit. Zum anderen stellt sie ein Hindernis dar.“

Von weitem sieht es aus, als ob weiße Bänder herabhingen. Es gibt viele Felsen, und sie sind unterschiedlich in ihrer Form. Sie haben oben Zacken, die wieder wild zerklüftet sind. Darüber ist der Himmel, blauer Himmel, eine blaue Farbe mit weißen Feldern, unregelmäßig, bewegt, die sich absetzen.

➢ „Im Traum bedeutet der Himmel das Reich des Geistes, des hohen Gedankenfluges und den Ort, aus dem schöpferische Einfälle stammen ...“ (Günter Harnisch). – Im Wörterbuch der deutschen Sprache von Bertelsmann (Wö. d. dt. Spr. v. Be.) wird „Himmel“ an erster Stelle definiert als „Luftraum über der Erde, der als Halbkugel wahrgenommen wird“, und an zweiter Stelle als „Aufenthalt Gottes oder der Götter sowie (nach christlicher Lehre) der Seligen“ und als „Paradies“. – „Als Farbe drückt das Blau Ferne, Weite und Unendlichkeit aus ...“ (Günter Harnisch). – Zu „Wolken“ heißt es beim gleichen Autor unter anderem: „Dieses Traumbild gibt Hinweis auf die gegenwärtige Stimmungslage des Träumenden. Weiße Wolken an einem blauen Himmel deuten auf Heiterkeit und Optimismus ..."

Der Felsen ist manchmal weiß,

> „In unserem Kulturkreis gilt Weiß als Farbe der Reinheit und Unschuld. Im Fernen Osten ist Weiß dagegen die Farbe der Trauer und des Todes. Beide Bedeutungen können im Traum vorkommen." (Günter Harnisch)

und daneben ist er grau.

> Bezüglich der Farbe Grau schreibt Günter Harnisch: „Dieses Traumbild ist immer an andere, in ihrer Bedeutung stärkere Symbole gebunden. Auf sie ist daher besonders zu achten. Allgemein ist die Farbe Grau Hinweis auf unauffälliges, unpersönliches Verhalten, auf unentschlossene, nicht recht bestimmbare Gedanken und Gefühle."

Dann wird er grün, wenn er nach unten breiter wird.

> „Grün ist im Traum wie in der Wirklichkeit die Farbe des frischen, neuen naturhaften Lebens. Es zeigt ein Werden

an, noch keine Reife. Grün kann also auch die Bedeutung von unreif haben.“ (Günter Harnisch)

Ich habe Steine in die Hand genommen

➢ „Eine Sache in die Hand nehmen“ bedeutet nach dem Wö. d. dt. Spr. v. Be. „sich einer Sache annehmen“.

und sie gegen die Sonne gehalten.

➢ – „Die Sonne ist eines der positivsten Traumsymbole. Sie kennzeichnet im Traum stets produktive schöpferische Energie, die künstlerische Ideen oder Bewusstseinsprozesse in Gang bringt.“ (Günter Harnisch). – „Die positive (männliche) Kraft der Seele, Energiesymbol des Lebens, des Schöpferischen, des Befruchtenden, denn in den meisten Kulturen wird die Sonne als männlich angesehen. Wo sie im Traum aufgeht, da ist Erfolg in allen Lebensbereichen zu erwarten. Wo sie untergeht, mündet eine Glücksphase ins Alltägliche. Die leuchtende Kraft der Sonne erhellt unser Bewusstsein und macht uns für neue und gute Taten bereit ..." (Georg Fink). — „... Das leuchtendste und größte Energiesymbol ist die Sonne. Wo sie im Traum aufgeht, ist stärkste Wirkung, ist ein tätiger Morgen zu erwarten. Nur in den Wüstenträumen kann die sengende Glut dem Wanderer den Tod bringen. Sonst aber ist sie die Bringerin des Lebens, des Schöpferischen, Befruchtenden. Sonnenuntergänge aber sind im Traum meist von negativer Bedeutung, eine Bewusstseinsphase geht zu Ende." (Ernst Aeppli). — „... Betrachten wir die Sonne (Orange) und die Erde (Blau), so finden wir in ihnen Urbild und Vorbild des Liebens. Das war auch der Inhalt der Sonnenreligion Altägyptens und wird auch die Religion des Wassermannzeitalters, des Evangeliums der Sonne sein." (Heinrich Elijah Benedikt)

Sie hatten die Form der Felsen, und ihre Kanten waren scharf und hart. Ich warf sie hinab in die Schlucht.

➤ Zu „Schlucht" bzw. „Abgrund" schreibt Günter Harnisch unter anderem: „Ein Abgrund symbolisiert meist Lebensschwierigkeiten oder eine kritische Situation ..." (Günter Harnisch)

Meine Hände trugen einen Stein, jenes Ding von unsteter Form, voll Härte.

➤ „Die Hand ist das körperliche Instrument des menschlichen Handelns. Dementsprechend sind alle Träume zu deuten, in denen die Hand eine Rolle spielt ..." (Günter Harnisch)

Sonntagmorgen wieder aufgebrochen. Keine Ruhe in Jugendherberge. War schon für zwei Tage bezahlt. Ging lange zu Fuß, bis Mittag. Straße war steil und gewunden, zwischen den Felsen. Es war heiß, mein linker Arm geschwollen. Am Mittag am St. Gotthard. Dort viele Menschen, Autos, Fotoapparate. Schrecklich. Bin gleich zur anderen Seite hinabgegangen. War dann zu müde zum Laufen. Habe mich hingestellt und gestoppt. Nach einer Stunde Engländer from London. Lehrer in Westminster-School, auf dem Weg nach Malta. Fuhr Morris K-Wagen mit Kühlschrank und allem Komfort. Übernachtete im Wagen. Warm. Lud mich ein, mit ihm im Auto zu schlafen. Verbrachte eine Nacht outside unter freiem Himmel. War kalt gegen Morgen. Dann gefrühstückt. Hatte Zubereitungsmaterial in seinem Auto. Trank während der Fahrt Vino und Scotch Whisky. Fuhr besoffen. Am Morgen von Lugano fort nach Milano. Dort getrennt. Vorteil: War gezwungen, Englisch zu sprechen, lernte. War froh, wieder alleine zu sein. Zu Fuß durch Milano. Erstes Auto, das ich anhielt, nahm mich mit. Über die Autostrada nach Genova. Netter junger Milaner mit Fiat 1100 und Seidenschal um den Hals und Sandalen und feststellbarem Gas. In Genova neues Auto nach Varazze. Lieferwagen mit Italiener und Wäsche. Fuhr wie der Teufel. Nahm sämtliche Kurven mit gebremsten Rädern Hafenarbeiterboy, ca. 30 Jahre.
In Varazze Jugendherberge in alter Villa. Zugehöriger Park geht zum Meer hinab. Schlafe in einem riesengroßen Raum. Marmortreppe an den Wänden, auf-

steigend. Auf den Absätzen, unten und auf der Galerie Doppelbetten. Die Decke ruht auf Marmorsäulen, die bogenförmig zur Mitte laufen. An riesiger Lampenkette düstere Glühbirne. Fenster, wie alles in diesem Raum, majestätisch, mit langen Stoffen zugehangen. Andere Räume kleiner.

Der Jugendherberge angeschlossen Ristorante mit billigem Vino rosso und Birra. Alkohol und Rauchwaren in Grenzen erlaubt. Waschgelegenheit und Toilette im Keller. Die meisten Deutschen, die hier sind, halten sich über vorhandenen Schmutz auf. Es ist tatsächlich schmutzig. Aber mir gefällt die Herberge (am besten von allen bisherigen). Nur die Stehtoilette etwas gefährlich. Boden mit nassem Papier und anderem bedeckt. Kein guter Halt, dazu unverriegelt. Wanzen sollen in den Schlafräumen sein. Bin gespannt. Bleibe jedenfalls solange wie möglich hier.

Ich bin jetzt besoffen vom Vino rosso. I can't do anything about it. Angestrengt denke ich nach, warum
ich mich jetzt hingesetzt habe mit Stift und Buch.
Angestrengt denke ich nach, was ich überhaupt
schreiben soll. Schwimmen am Morgen, nachmittags
Regen. Habe unter Bäumen gesessen wie ein Träumender, wie einer, der vorhat, das Meer auszutrinken und weiß, dass er das nie schafft. Es ist traurig,
wie die Minuten zu Stunden werden und diese zu
Tagen. Jahre gehen, und von dem gewaltigen Vorhaben ist nur ein armseliges Stück verwirklicht. Und ich
frage mich, warum ich das Leben nicht mehr auskoste, warum ich abseits stehe, warum an Stelle der
simplen Gewissheiten der Normalverbraucher jene
quälende Unsicherheit, Ungewissheit steht, warum
einem gelösten Problem ein ungelöstes folgt.

Ich habe heute nur allgemeine Dinge aus der Anatomie repetiert. Beschäftigt hat mich besonders die
Zelle mit ihren Organellen. Wie sind die Zellen untereinander verbunden, welche Bedeutung kommt den
protoplasmatischen Brücken zu? Sind es echte Verbindungen?
Die verschiedenen Aufgaben des Liquors
cerebrospinalis: Stoßdämpfung!! – Erinnerung an
Ulnarisreizung. Was würde resultieren, wenn bei
jeder Bewegung es zur Reizung der Großhirnrinde
oder der Medulla spinalis kommen würde? – Dann
Temperaturisolation.

Ich bin traurig, so dumm zu sein, aber ich bin dankbar, zu sein. Ich bin dankbar für alles Schöne, was in der Welt ist, für die unglaubliche Größe der Allmacht, die in Milliarden Wellen, im Hauch des Windes, im kleinsten Staubteilchen, in der Sonne, im Differenten unglaublich eindringlich wird.

Ich sehe den Schaum des Wassers, wie ihn die Welle zeugt. Weiß in Blau, in einer blauen Fläche, die unruhig wogt. Eine große Fläche, die mir nah und fern ist, die mir fern und nah ist. Nur ein Rand des Wassers ist begrenzt. Da liegen Felsen im Wasser, zerklüftet. Felsen, die durch das Wasser leben, Wasser, das Felsen zeugte. Ich kenne das Wasser nicht. Ich sehe seine Farben, das Blau, das Schwarz, das Grün, das Rot. Ich fühle seine Kälte, seine Wärme, seine Nässe, ich schmecke das Salz und fürchte seine Wildheit, seine Gefahren. Ich schwamm hinaus. Meine Arme griffen nach vorn und schoben das Wasser nach hinten. Ich bewegte mich. Ich sah es, wie ich mich entfernte. Die Steine des Ufers wurden klein, die Menschen dort wie Puppen. Ich tauchte in die Tiefe. Überall Wasser. Es war nicht ruhig, ein seltsamer Ton. Er war fremd, die Farbe des Wassers ungleich. Dunkle Stellen. Ich empfand das Wasser als schwer. Es treibt mich aus, wenn ich lebe, es zieht den Toten in die Tiefe. Es birgt Leben in der Tiefe. Ich sah Fische, wie sie aus dem Wasser sprangen und wieder ins Wasser tauchten. Ich sehe Körper, die ich nicht sehe, die ich sehe. Wasser und Leben, Wasser, das Leben birgt, Leben des Wassers. Der Schaum der Wellen, die die Steine lecken, die sie beleben. Die Welle belebt den Stein. Er hat schwarze Stellen, Stellen, die kein Licht reflektieren. Dort leben Muscheln in Kolonien. Verschiedene Größen. Ihre Schalen sind offen, wenn sie ohne Gefahr sind. Mein Finger schließt sie. Muscheln am Felsen, und Schalen, die sich bewegen.

Heute den ganzen Tag am Meer. Muss mich erst wieder ans Salzwasser gewöhnen. Baden ganz großartig. Muschel gegessen. Sprungtürme fehlen, ist aber kompensiert. Camping in der Nähe. Billige Einkaufsquelle.

Keine nennenswerten neuen Gedanken, außer dass die Gewebsarten näher verwandt sind als ich dachte. Das alte Übel, wir lernen Dinge, ohne ihre Bedeutung ganz zu durchschauen. Aus der einen Zelle zweigen sich die einzelnen Gewebe in Form von differenten Zellen ab. Gastrulation weiterhin undurchsichtig. Bezweifele die scharfe Trennung in Keimblätter. Aufgliederung des Mesoderms ziemlich verständlich.

Deutung

Ich bin jetzt besoffen vom Vino rosso.

> ➤ Unter Berücksichtigung des nachfolgenden Textes ist diese Aussage wohl übertrieben.

I can't do anything about it. Angestrengt denke ich nach, warum ich mich jetzt hingesetzt habe mit Stift und Buch. Angestrengt denke ich nach, was ich überhaupt schreiben soll. Schwimmen am Morgen, nachmittags Regen. Habe unter Bäumen gesessen wie ein Träumender, wie einer, der vorhat, das Meer auszutrinken und weiß, dass er das nie schafft. Es ist traurig, wie die Minuten zu Stunden werden und diese zu Tagen. Jahre gehen, und von dem gewaltigen Vorhaben ist nur ein armseliges Stück verwirklicht. Und ich frage mich, warum ich das Leben nicht mehr auskoste, warum ich abseits stehe, warum anstatt der simplen Gewissheiten der Normalverbraucher jene quälende Unsicherheit, Ungewissheit steht, warum einem gelösten Problem ein ungelöstes folgt.

Ich habe heute nur allgemeine Dinge aus der Anatomie repetiert. Beschäftigt hat mich besonders die Zelle mit ihren Organellen. Wie sind die Zellen untereinander verbunden, welche Bedeutung kommt den protoplasmatischen Brücken zu? Sind es echte Verbindungen?
Die verschiedenen Aufgaben des Liquors cerebrospinalis: Stoßdämpfung!! – Erinnerung an Ulnarisreizung.

> Nämlich wenn bei einem Stoß am Ellbogengelenk auch der Nervus ulnaris getroffen wird.

Was würde resultieren, wenn bei jeder Bewegung es zur Reizung der Großhirnrinde oder der Medulla spinalis kommen würde? – Dann Temperaturisolation.

Ich bin traurig, so dumm zu sein, aber ich bin dankbar, zu sein. Ich bin dankbar für alles Schöne, was in der Welt ist, für die unglaubliche Größe der Allmacht, die in Milliarden Wellen, im Hauch des Windes, in dem kleinsten Staub, in der Sonne, im Differenten unglaublich eindringlich wird.

Ich sehe den Schaum des Wassers, wie ihn die Welle zeugt.

> Im Wörterbuch der deutschen Sprache von Bertelsmann (Wö. d. dt. Spr. v. Be.) hat „Schaum" an dritter Stelle (im übertragenen Sinn) die Bedeutung von „Unbedeutendes, Nichtigkeit". – „Das Wasser symbolisiert im Traum unbewusste seelische Energie …" (Günter Harnisch). – Zu Meereswogen bzw.

Brandung schreibt Günter Harnisch: „Die Bedeutung ist die gleiche wie die stürmisch bewegter Meereswogen. Je höher sie gehen, umso heftiger sind die Gefühlswallungen, die durch die Wellen symbolisiert werden. Geht die Brandung ruhig und gleichmäßig, so weist dieses Bild auf ein ausgeglichenes Seelenleben hin."

Weiß in Blau,

➢ Nämlich das Weiß des Schaumes. – Im Wö. d. dt. Spr. v. Be. hat „weiß" an erster Stelle die Bedeutung von „(nahezu) sämtliche Lichtstrahlen reflektierend, sehr hell". – Ein Synonym für „weiß" ist nach Woxikon unter anderem „farblos".

in einer blauen Fläche,

➢ Nämlich in der Meeresoberfläche, die den blauen Himmel spiegelt.

die unruhig wogt.

➢ Im Wö. d. dt. Spr. v. Be. hat „wogen" an erster Stelle die Bedeutung von „hohe Wellen bilden", an dritter Stelle von

„sich heftig auf und nieder bewegen"
und an vierter Stelle von „in heftiger
Bewegung sein".

Eine große Fläche, die mir nah und fern ist, die
mir fern und nah ist. Nur ein Rand des Wassers
ist begrenzt.

➢ „Während Wasser in der Traumsprache
auf die Gefühlswelt hinweist, symboli-
sieren die Ufer den Verstand, der die
Gefühle eindämmt, kontrolliert und re-
guliert. Die Beschaffenheit des Ufers gibt
ebenso wie der Zustand des Wassers
Hinweise auf die Beziehungen zwischen
Gefühl und Verstand, zwischen dem
Unbewussten und dem Bewusstsein ..."
(Günter Harnisch)

Da liegen Felsen im Wasser, zerklüftet. Felsen,
die durch das Wasser leben.

➢ Nämlich so, wie sie sind. — Im Wö. d.
dt. Spr. v. Be. hat „leben" an zweiter
Stelle die Bedeutung von „ein (bestimmtes) Leben führen".

Wasser, das Felsen zeugte.

➢ Nämlich zerklüftete Felsen. — „Schroffes
Gestein, Felsgeröll und Klippen symboli-

sieren körperliche und geistig-seelische Festigkeit und Stärke, aber auch Härte, Kälte und Egoismus. Sind die Felsen bewachsen, so deutet dies auf Gefühlsregungen hin." (Günter Harnisch)

Ich kenne das Wasser nicht.

> „Etwas kennen" bedeutet nach dem Wö. d. dt. Spr. v. Be. unter anderem „Bescheid in etwas wissen, bewandert in etwas sein".

Ich sehe seine Farben, das Blau,

> „… Blau ist die Farbe des Himmels, des Meeres und der stillen Wasser, die den Himmel widerspiegeln. Es führt uns in die Weite und in die Tiefe. Es eröffnet Neuland und zieht uns in die Ferne. Es vermittelt den Eindruck der Unbegrenztheit des Universums und der Seele …" (Heinrich Elijah Benedikt in „Die Kabbala"). – „Als Farbe drückt das Blau Ferne, Weite und Unendlichkeit aus. Als Farbe des Wassers symbolisiert es aber auch das Unbewusste oder die weibliche Naturseite …" (Günter Harnisch)

das Schwarz,

> Nämlich Wasser ohne Licht. – „Schwarz ist im Traum das Signal für einen seelischen Stillstand, auch für Trauer und Tod ..." (Günter Harnisch)

das Grün,

> Nämlich als Spiegelung. – „Grün ist im Traum wie in der Wirklichkeit die Farbe des frischen, neuen naturhaften Lebens. Es zeigt ein Werden an, noch keine Reife. Grün kann also auch die Bedeutung von unreif haben." (Günter Harnisch)

das Rot.

> „Die Farbe Rot drückt Leidenschaft, Sinnlichkeit, Feuer und gesteigerte Vitalität aus. Aber Rot ist auch die Farbe der Revolution, der blutigen Unterdrückung. Sie kann – wie bei der Verkehrsampel – ein Gefahrensignal bedeuten." (Günter Harnisch)

Ich fühle seine Kälte,

> Im Wö. d. dt. Spr. v. Be. hat „Kälte" an zweiter Stelle (im übertragenen Sinn) die Bedeutung von „Mangel an (innerer) Wärme, Gefühl, an Menschlichkeit". –

Zu Kälte bzw. Eis schreibt Günter Harnisch unter anderem: „Eis in der Traumlandschaft informiert über das Einfrieren von Beziehungen, über seelische Kälte und die Gefahr der Vereinsamung des Träumenden …"

seine Wärme,

> Im Wö. d. dt. Spr. v. Be. hat „Wärme" an dritter Stelle die Bedeutung von „von Herzen kommende Freundlichkeit, freundliche Zugewandtheit, Herzlichkeit". – „… Im übertragenen Sinne gilt Wärme als Symbol für Anteilnahme, Herzlichkeit, Zuneigung oder Leidenschaft …" (Günter Harnisch)

seine Nässe,

> Nach dem Wö. d. dt. Spr. v. Be. bezeichnet man mit „Nässe" „das Nasssein, starke Feuchtigkeit".

ich schmecke das Salz

> Im Wö. d. dt. Spr. v. Be. hat „Salz" an erster Stelle die Bedeutung von „weißer, kristalliner Stoff mit typischem Geschmack, pulvriges Kochsalz (mit unter-

schiedlichen Beimengungen) als Gewürz". – Synonyme für „Salz" sind
nach Thesaurus „Gewürz, Würze".

und fürchte seine Wildheit, seine Gefahren. Ich
schwamm hinaus. Meine Arme griffen nach vorn

> „Arm und Hand gehören eng zusam-
> men. In der Traumsprache ist der Arm
> die Grundlage des Handelns." (Günter
> Harnisch)

und schoben das Wasser nach hinten.

> Bezüglich der traumsymbolischen Be-
> deutung von Wasser siehe oben.

Ich bewegte mich.

> „Sich bewegen" hat im Wö. d. dt. Spr.
> v. Be. an erster Stelle die Bedeutung
> von „seine Lage, Stellung verändern".

Ich sah es, wie ich mich entfernte. Die Steine des
Ufers wurden klein,

> Bezüglich der symbolischen Bedeutung
> von Steinen bzw. Fels siehe oben.

die Menschen dort wie Puppen.

> Im Wö. d. dt. Spr. v. Be. hat „Puppe"
> an erster Stelle die Bedeutung von
> „Spielzeug in Form einer menschlichen
> Gestalt (besonders eines Kindes)" und

an dritter Stelle von „Marionette, Figur des Kasperletheaters".

Ich tauchte in die Tiefe.

> „Dieses Traumbild hat zwei unterschiedliche Bedeutungen. Einmal drückt es aus, dass man sich der Wahrheit gegenüber verschließt und wegtaucht, um sich unangenehmen Einsichten zu entziehen. Zum anderen bedeutet dieses Symbol, dass der Träumende in sein Inneres eintaucht, um sich mit der Welt seiner Gefühle auseinanderzusetzen und sich selbst zu besinnen. Welche Bedeutung jeweils zutrifft, lässt sich nur aus dem Traumzusammenhang erkennen." (Günter Harnisch)

Überall Wasser. Es war nicht ruhig, ein seltsamer Ton. Er war fremd,

> Im Wö. d. dt. Spr. v. Be. hat „fremd" an dritter Stelle die Bedeutung von „unbekannt, unvertraut".

die Farbe des Wassers ungleich. Dunkle Stellen.

> Im Wö. d. dt. Spr. v. Be. hat „dunkel" an erster Stelle die Bedeutung von „ohne Licht, finster".

Ich empfand das Wasser als schwer. Es treibt mich aus, wenn ich lebe, es zieht den Toten in die Tiefe. Es birgt Leben in der Tiefe. Ich sah Fische, wie sie aus dem Wasser sprangen und wieder ins Wasser tauchten.

> „In Altägypten und Kleinasien galt der Fisch als Symbol der Seele. Im Buddhismus ist der Fisch ein Sinnbild geistiger Macht. In der analytischen Psychologie von C. G. Jung gilt der Fisch als Symbol des Selbst. Mit diesem Begriff umfasst Jung die psychische Gesamtpersönlichkeit des Menschen, die das Unbewusste einschließt.
>
> Sofern es der Gesamtzusammenhang der Trauminformation ergibt, kann der Fisch auch sexuelle Bedeutung haben. Da der Fisch im Wasser lebt – dem Sinnbild des Unbewussten –, wird es sich um unbewusste Inhalte handeln. Die Nixe, ein weibliches Fabelwesen mit einem Fischschwanz, veranschaulicht die Fischnatur, die kalte, gefühlsunbezogene Seite der Sexualität. Haifische, die bedrohlich im Wasser umherschwimmen,

zeigen die Gefahr besitzergreifender un-
bewusster Komplexe." (Friedrich W.
Doucet)

Ich sehe Körper,

> *Nämlich Fische.*

die ich nicht sehe,

> *Nämlich wenn sie in der Tiefe des Was-*
> *sers sind.*

die ich sehe.

> *Nämlich wenn sie aus dem Wasser*
> *springen.*

Wasser und Leben, Wasser, das Leben birgt, Leben des Wassers. Der Schaum der Wellen, die die
Steine lecken, die sie beleben. Die Welle belebt
den Stein. Er hat schwarze Stellen, Stellen, die
kein Licht reflektieren.

> *„Licht ist Symbol für Bewusstsein, Ver-*
> *stand, Erkenntnisvermögen, geistige*
> *und gefühlsmäßige Klarheit, Ausgegli-*
> *chenheit und Lebenskraft, Hoffnung*
> *und Freude am Leben. Das Licht besei-*
> *tigt Unwissenheit und Zweifel. Was im*
> *Licht liegt, kann man erkennen und*
> *begreifen. Man braucht es nicht zu*
> *fürchten. In diesem Sinne verkörpert*

das Licht als Traumsymbol den schöp-ferischen Geist, der Unwissenheit und Zweifel überwindet ..." (Günter Har-nisch)

Dort leben Muscheln in Kolonien.

> „Die Muschel ist ein Symbol weiblicher Sexualität. Die geschlossene Muschel symbolisiert weibliche Unberührtheit, fehlende Reife oder Frigidität." (Günter Harnisch)

Verschiedene Größen. Ihre Schalen sind offen, wenn sie ohne Gefahr sind.

> Im Wö. d. dt. Spr. v. Be. hat „Schale" an vierter Stelle die Bedeutung von „Gefäß in flacher Muldenform, flache Schüssel". — „In der Traumsprache symbolisieren Gefäße aller Art meist den Leib der Frau und die weibliche Se-xualität ..." (Günter Harnisch)

Mein Finger schließt sie.

> Nämlich wenn ich sie berühre ...

Muscheln am Felsen, und Schalen, die sich be-wegen.

Als ich vorgestern Abend den Wein trank, ahnte ich nichts von den Folgen. Ich habe die anschließende Nacht kaum geschlafen. Meinen Magen fühlte ich wie einen schweren Stein. Die Haut tat mir durch den Sonnenbrand weh.

Am anderen Morgen ging ich schwimmen. Es war bewölkt. Große Wellen schlugen über die Felsen. Ich hatte Mühe, wieder an Land zu kommen. Ich blieb bis zum Mittag, dann wurde es mir kalt. In der Herberge schlief ich draußen auf der Bank ein, ich fühlte mich elend. Um acht habe ich im Bett gelegen. Die Nacht nur superfiziell geschlafen.

Am Morgen, heute, war ich nach dem Waschen wieder so erschöpft, dass ich mich wieder ins Bett legte. Ich hatte Fieber und fror. Mein Rücken tut weh und mein Kopf. Um vier bin ich aufgestanden und habe mir auf dem Campingplatz Pfirsiche gekauft. Ich habe in den zwei Tagen kaum was gegessen!! Ich habe versucht, mich gedanklich mit irgendetwas zu beschäftigen. Das war ausgeschlossen. Erst jetzt am Abend habe ich mich mit Überwindung zu einem Lagebericht (Krankenbericht) entschließen können. Aber ich fühle, dass es jetzt wieder besser wird. Vielleicht werde ich morgen wieder schwimmen gehen. Ich will jetzt zur Stadt und mir dort eine Taucherbrille kaufen. Hoffentlich reichen meine Kräfte, sonst muss ich auf der Straße übernachten.

18. August 1962, Samstag, 21:30 Uhr

Elender als zuvor. Ich habe mich gestern aus der Stadt zurückgequält. Die Nacht kaum geschlafen, am Tag manchmal in der Sonne gelegen. Die Pfirsiche, die ich gegessen habe, sind mir nicht bekommen, ebenso die Milch. Ich weiß nicht, was in den nächsten Tagen wird. Ich habe Angst vor meinem Bett bekommen. Vor einer halben Stunde bin ich aufgestanden, weil ich es nicht mehr aushielt. Ich werde jetzt noch etwas spazieren gehen.

19. August 1962, Sonntag

Bedeutend besser. War heute lange in der Stadt. Noch krumm wie ein alter Mann, aber wieder als Mensch. Bin durch die Straßen gegangen: eng, manchmal weniger als ein Meter breit. Wäscheleinen von Wand zu Wand. Daran Wäsche aller Güte. In den Restaurants wurde gegessen, ich hätte heulen können. Habe mich auf allen erreichbaren Bänken ausgeruht. Gegen vier zurück. Gebadet, Tomaten gekauft. Dann am Abend auf dem Campingplatz endlich wieder einmal gegessen. Das waren die ersten 600 Lire. Wenn mein Appetit seinen natürlichen Lauf nimmt, bin ich bald blank. Dann muss ich fischen oder betteln gehen.

Heute Mittag noch einen Brief nach Mönchengladbach an M. H. geschrieben und eine Karte an J. G., Kö.-Brü.

Es ist jetzt bald zehn Uhr.

➤ *Zehn Uhr abends.*

Wenn meine Kopfschmerzen fort sind, kann ich morgen schwimmen gehen.

Ich werde bald von hier fortgehen. Die Tage sind keine Erholung. Meine Kopfschmerzen gehen nicht fort. Ich liege oft im Bett. Kein Schwimmen. Habe das gestern versucht. Ich war im Wasser. Mit Überwindung getaucht. Es verstärkte meine Schmerzen. In den Nächten bestenfalls unruhiger Schlaf, meist keinen: Mückenschwärme, dicke Luft und Unruhe im Raum. Ich wünsche mich manchmal zurück nach Köln. Mein Magen und Darm sind wieder annähernd in Ordnung. Am Abend war ich in der Stadt. Ich habe Fisch gegessen und dazu Bier getrunken. Das Bier hat meinen Puls beschleunigt. Ich hatte einen ausgetrockneten Mund am Abend. Was sollte ich aber sonst zum Fisch trinken?

Sie haben gestern, als ich am Wasser war, einen kleinen Tintenfisch mit acht Armen und vielen Saugnäpfen daran gefangen. Auseinandergelegt hatte er einen Durchmesser von 50 cm. Die nach außen zugespitzten Arme haben an der Unterseite zwei Reihen von Saugnäpfen. Dort, wo die Arme strahlig zusammenlaufen, sind Schwimmhäute   ausgespannt. Im Zentrum der Oberseite des Tieres sitzt ein kuppelartiges Gebilde. Die Tintenfische werden hier ganz gegessen.

Heute Morgen war ich ganz früh in der Stadt. Es wurden in den kleinen Straßen Fische verkauft. Ich habe mir Milch geholt und nichtschmeckenden Zwieback. Ich werde mit dem Essen hier nicht mehr fertig. Dann wieder zurück und ins Bett. Ich werde jetzt noch ein paar „Ferien"grüße schreiben.

22. August 1962

Zum ersten Mal wieder etwas Lebensfreude. Heute Morgen ging es mir bedeutend besser. Früh zum Wasser. Dort den ganzen Tag mit einigen Unterbrechungen. Schon wieder sehr viel zweckdienliche Gedanken gehabt. Allerdings noch etwas Kopfschmerzen. Bin sehr weit hinausgeschwommen. Das Wasser ist dort kälter, aber sehr viel klarer als an den Felsen. Es hat keinen Zweck, hier an dieser Stelle in Varazze zu tauchen. Ich glaube, dass nirgendwo in Varazze lohnenswerte Tauchgründe sind. An unserer Badestelle gibt es nur Muscheln und kleine graue und schwarze Fische, denen nachzujagen ein uninteressantes Spiel ist. Ich habe versucht, weiter fort vom Ufer größere Fische zu finden. Aber da gab es nur Seegras und Sand und manchmal eine Muschelbank. An größere Tiefen muss ich mich erst wieder gewöhnen. Bei fünf Metern schmerzten meine Ohren ganz gewaltig.

Heute war es wieder unruhig auf dem Wasser. Bei ziemlicher Windstille kamen große Wellen über die Felsen. Es ist dann gut, sicher oben auf dem Felsen zu liegen und dem Toben der brechenden Wellen zuzuhören. Es ist ein eigenartiger Gesang, manchmal ganz ruhig, wie wenn kleine Wellen über Kieselsteine laufen, dann schwillt es an zu einem Tosen. Das Wasser scheint zu kochen. Sehr hoch spritzen weiße Schäume, um dann wieder in das zurücklaufende Wasser zu fallen. Auf dem Felsen ist es warm. Man muss sich vor der Sonne schützen.

Ich habe meinen Aufenthalt um zwei Tage verlängert. Das hatte ich nach dem vielen Kummer hier eigentlich nicht vorgehabt. Jetzt werde ich aller Wahrscheinlichkeit nach erst am Samstag abreisen. Außerdem muss ich noch auf Post warten.

Deutung

Zum ersten Mal wieder etwas Lebensfreude. Heute Morgen ging es mir bedeutend besser. Früh zum Wasser. Dort den ganzen Tag, mit einigen Unterbrechungen. Schon wieder sehr viel zweckdienliche Gedanken gehabt. Allerdings noch etwas Kopfschmerzen. Bin sehr weit hinausgeschwommen. Das Wasser ist dort kälter, aber sehr viel klarer als an den Felsen. Es hat keinen Zweck, hier an dieser Stelle in Varazze zu tauchen. Ich glaube, dass nirgendwo in Varazze lohnenswerte Tauchgründe sind. An unserer Badestelle gibt es nur Muscheln und kleine graue und schwarze Fische, denen nachzujagen ein uninteressantes Spiel ist. Ich habe versucht, weiter fort vom Ufer größere Fische zu finden. Aber da gab es nur Seegras und Sand und manchmal eine Muschelbank. An größere Tiefen muss ich mich erst wieder gewöhnen. Bei fünf Metern schmerzten meine Ohren ganz gewaltig.

Heute war es wieder unruhig auf dem Wasser. Bei ziemlicher Windstille kamen große Wellen über die Felsen. Es ist dann gut, sicher oben auf dem Felsen zu liegen und dem Toben der brechenden Wellen zuzuhören.

> ➢ Zu Brandung schreibt Günter Harnisch: „Die Bedeutung ist die gleiche wie die stürmisch bewegter Meereswogen. Je höher sie gehen, umso heftiger sind die Gefühlswallungen, die durch die Wellen symbolisiert werden. Geht die Brandung ruhig und gleichmäßig, so weist dieses Bild auf ein ausgeglichenes Seelenleben hin."

Es ist ein eigenartiger Gesang, manchmal ganz ruhig, wie wenn kleine Wellen über Kieselsteine laufen, dann schwillt es an zu einem Tosen. Das Wasser scheint zu kochen.

> ➢ „Das Wasser symbolisiert im Traum unbewusste seelische Energie ..." (Günter Harnisch)

Sehr hoch spritzen weiße Schäume, um dann wieder in das zurücklaufende Wasser zu fallen.

> ➢ Im Wörterbuch der deutschen Sprache von Bertelsmann hat „Schaum" an dritter Stelle (im übertragenen Sinn)

die Bedeutung von „Unbedeutendes, *Nichtigkeit"*.

Auf dem Felsen ist es warm. Man muss sich vor der Sonne schützen.

Ich habe meinen Aufenthalt um zwei Tage verlängert. Das hatte ich nach dem vielen Kummer hier eigentlich nicht vorgehabt. Jetzt werde ich aller Wahrscheinlichkeit nach erst am Samstag abreisen. Außerdem muss ich noch auf Post warten.

23. August 1962

Die Nacht wieder fest geschlafen. Am Morgen zum Wasser. Aber noch viel müde. Bin öfters eingeschlafen. Am Nachmittag bin ich weit hinausgeschwommen. Ich habe die Küste überblicken können. Draußen ist das Wasser durchsichtig wie Glas, aber sehr viel kälter als am Rand.

Am Abend zur Stadt, die Postkarten weggebracht. Habe mir dann ein leckeres Abendessen zusammengekauft. Dann Brief an Helmut geschrieben. Allmählich beginnt es, mich nach Hause zu ziehen. Da sind verschiedene Probleme, zu deren Lösung ich unbedingt Literatur brauche. Dann möchte ich gleich nach der Rückkehr nochmal mit mehr Interesse die einzelnen Tierstämme durchgehen.

Letzter Tag. Mir geht es beinahe wieder blendend.
Nur noch müde und zu wenig Geld. Die letzten Tage
wenig aufregend. Entweder hat die Krankheit mir den
letzten Verstand geraubt oder die Sonne hat mich
ausgetrocknet. Meine Physik ist wieder gänzlich vergessen. Warum ich da nicht weiterkomme, hat vor-
wiegend einen Grund. Die Gleichheit des ungleichen
Systems ist soweit klar. Nun aber ist die Frage, in
welcher Beziehung die Materie zueinander steht.
Unter gleich verstehe ich homogen, unter ungleich
heterogen. Zur Vorstellung eines heterogenen Systems war ich aus der einfachen Überlegung gekommen, dass nur die Ungleichheit Ausdruck des Seins
sein kann. Im homogenen System gibt es keine Kon-
traste, also keine Möglichkeit zur Differenzierung, zur
Aussage. Es gibt keine Punkte, keine Systeme, auf die
bezogen andere Systeme definiert werden könnten.
Das homogene System muss also Struktur eines theoretischen, nur theoretischen Nichts sein, also eines
Zustandes der völligen Ausdruckslosigkeit.
Mit welchem Recht spreche ich jetzt von einer
Gleichheit des ungleichen Systems, wenn ich unter
„gleich" homogen verstehe? Das hat folgenden
Grund. Ich stelle mir einen beliebigen Punkt des Systems vor und sage über ihn aus. Dann komme ich zu
Folgendem: Der Punkt unterscheidet sich von einem
benachbarten in einer ganz bestimmten, berechen-
baren Größe. Zweitens und für die Beweisführung
jetzt am wichtigsten: Der Punkt ist Ausdruck eines
bestimmten Zustandes und damit ein bestimmter

Seinsausdruck. Das ist folgenschwer. Denn wiederhole ich das Spiel, so kann ich von beliebig vielen Punkten die Aussage machen: Der Punkt ist ein Ausdruck des Seins. Wenn alle Punkte Ausdruck des Seins sind, dann sind sich alle Punkte in dieser Beziehung gleich. Ich rede hier von der oben erwähnten Gleichheit des ungleichen Systems, einer übergeordneten Art der Homogenität. Die Tragweite dieser Definition ist mir noch nicht geläufig.

Das Bisherige war ohne Schwierigkeit. Jetzt, wie eingangs erwähnt, die Frage der gegenseitigen Beziehung. Die Heterogenität war gesetzt, die Ungleichheit. Bewiesen war die materielle Natur des angenommenen Raumes. Nun soll ein Punkt, ein Ausschnitt des Seins, begrenzt werden!! Das ist schwierig, weil es diesen Punkt nicht gibt. Er ist unendlich klein auf der einen Seite, auf der anderen Seite unendlich groß. Das Sein liegt also zwischen zwei Unendlichkeiten!!

25. August 1962, Samstagabend (Nizza, Wartesaal)

Heute früh fort von Varazze. Mit verschiedenen kleinen Autos entlang der schöner werdenden Küste. Oft
lange gewartet. Auto-Stopp auf dieser Straße zu dieser Zeit ungünstig. Bis San Remo gekommen. Dort
Eisenbahnkarte gelöst nach Nizza. Da angekommen
vor wenigen Minuten. Der Tag ziemlich anstrengend.
Wollte jetzt erst weiter nach Marseille, auf den guten
Glauben, ohne Kontrolleur zu bleiben. Dann aber
doch ausgestiegen. Werde vielleicht morgen hier
bleiben, wenn ich Jugendherberge finde. Eben fährt
der Zug nach Marseille ab.

Habe jungen Spanier getroffen, mit dem ich mich fast
ausschließlich in der Zeichensprache unterhalte. Sitzt
hier ebenfalls im Wartesaal und will in der Früh weiter nach Port Bou an der spanischen Küste.
Während der Zugfahrt etwas von dem Glanz der
Städte wie Monte Carlo, Monaco gesehen. Es wird
viel Elektrizität verbraucht, um die Burgen und Straßen und Küsten zu beleuchten.

Ich bin jetzt sehr müde. Ich habe Schmerzen im linken
Bein, die vom Ischiasnerv herrühren. Diese quälen
mich schon den ganzen Nachmittag. Unangenehm
dort, wo ich viel (sitzen/stehen) musste. Ein Zeichen,
dass ich nicht ausgeschlafen bin. Denn das habe ich
festgestellt: Nur wenn ich müde bin, verursacht mir
das Bein Qual.

Der Wartesaal ist nicht groß. An den Wänden stehen Bänke, auf welchen drei Zeitgenossen schlafen. Ich sitze mit meinem spanischen Freund am Tisch, der in der Mitte steht. An diesem Tisch stehen drei Stühle und eine kleine Bank. An einer Wand ist das überdimensionale Bild einer Riviera-Stadt. An der einen Längsseite geht die Tür zum Bahnsteig.

Eben hatte ich mich auf eine Bank gelegt. Aber das war ein kurzes Vergnügen. Der Spanier hatte zuvor dort gesessen und alles mit seiner Marmelade beschmiert. Ich musste mich waschen gehen, weil ich an der Hose und an den Armen klebte.

Es ist jetzt 11:00 Uhr (23:00 Uhr). Wäre ich alleine, so ginge ich in ein Hotel, und wenn das auch 10 NF kosten sollte. Jetzt aber sitze ich hier. Eine komische Situation, in der ich nicht weiß, was ich machen soll. Schlaf wäre das unbedingt Notwendigste. Ich werde ihn nachher versuchen, oder er mich.

Ich habe eben versucht, etwas Wasser zu bekommen. Aber das ist hier eine aussichtslose Sache. Das Bahnhofsrestaurant hat schon geschlossen, und sonst gibt es nirgendwo etwas. Ich habe nur noch eine halbe Flasche von dem Martini in der Tasche, den ich mir am Nachmittag kaufte. Davon bekommt man aber nur noch mehr Durst.

27. August 1962, Montag (Marseille)

Seit gestern hier.
Ich habe im Wartesaal von Nizza etwas geschlafen.
Trotzdem war es eine schlimme Nacht. Es kamen
dauernd neue Reisende. Die Schläfer mussten dann
von den Bänken auf, damit Platz wurde. Vor Sonnenaufgang bin ich aufgebrochen. Lange zu Fuß gegangen, dann mit zwei Wagen nach Cannes. Ich hatte die
Nase voll. In Cannes zum Bahnhof. Dort Karte gelöst
nach Marseille: 16,80 NF. Im Zug traf ich den Spanier
wieder. Gegen Mittag war ich in Marseille. Unterwegs
im Zug viel geschlafen, dann aber auch kilometerlang
abgebrannte Wälder gesehen.
In Marseille zur Jugendherberge. Busfahrt sehr teuer.
Jugendherberge am Boulevard de Michelet. Zelte,
Toiletten, Küche, Dusche und Getränkeladen. Weg
zur Stadt sehr weit. Bin gestern Abend am alten Hafen gewesen. Habe da gegessen. Heute den ganzen
Tag durch die Stadt. Meine Füße schmerzten sehr. Bin
fast immer barfuß gegangen.
Heute Morgen zuerst ans Meer, die ganze Küste mit
den vielen Badeanstalten entlang zum Zentrum, dort,
wo der Hafen beginnt. In einem ganz alten Teil der
Stadt gewesen. Man muss Stufen hinauf und ist dann
plötzlich in alten, engen Straßen, die sehr schmutzig
sind. Die Straßen sind fast zugehängt mit Wäsche.
Sehr viele Kinder, die im Dreck spielen, und Leute, die
vor den Häusern fast mitten auf der Straße sitzen.
Manchmal zwischen den baufällig aussehenden Häusern Verkaufsläden. Morgen will ich dort noch einmal
hin und mir noch das restliche Hafengebiet ansehen.

74

Ich habe mittags in der Stadt gegessen und dann bis zum Abend immer wieder etwas gekauft. Es ist hier alles sehr teuer.

Eigentlich möchte ich hier noch einmal ins Wasser. Ich habe immer geglaubt, dass das Wasser bei Marseille sich nicht eigne zum Schwimmen wegen der Hafennähe. Das stimmt aber nicht. Manchmal kann man in Ufernähe fünf Meter tief sehen. Nur dort, wo Abfälle ins Meer geleitet werden, stinkt es. Auf den Felsen sieht man viele Angler, die dort mit unermüdlichem Eifer ihre verschiedenen Angelruten betreuen. Morgens in aller Frühe wird in der Stadt Fisch verkauft. Ich habe hier sehr große Fische auf den Verkaufstischen gesehen.

Heute Morgen in Jugendherberge. Füße schmerzen noch von italienischen Holzschuhen. Sitze hier im Freilichttagesraum, einem mit Strohmatten abgetrennten Rechteck vor der improvisierten Küche.

Wüsste ich nur, was ich nach meiner Rückkehr zuerst mache. Vielleicht einen Monat als Famulus nach Grafenberg. Vielleicht aber auch, um Geld zu verdienen, als Krankenpfleger.

Die Gedankenlosigkeit der letzten Zeit macht mich krank. Es ist zu viel Hitze und zu viel Ablenkung hier. Ich habe versucht, über die Begrenzung des Punktes nachzudenken. Aber das Thema ist so abstrakt, dass es von Näherliegendem immer wieder verscheucht wird.

31. August 1962, Freitag (Lyon)

Eben hier angekommen, todmüde.

In Marseille war ich von Sonntagmittag bis Mittwochmorgen. Am Montagabend einen Deutschen dort kennengelernt, mit dem ich am Dienstagmittag in der Stadt gewesen bin. Wir sind im alten Hafen gewesen. Dann sind wir noch einmal in dem Armenviertel gewesen, von dem ich schon schrieb. Ich finde das Milieu dort gut. Wenn ich in Marseille leben müsste, wollte ich dort wohnen. Die Straßen sind voll Kinder und Tiere. Man sieht die Kinder in der Gosse, auf den Bordsteinen, auf der Straße, in Kisten, auf Mauern, in den Fenstern. Dann sitzen die alten Leute und jüngere auf den Straßen. Manche Gesichter sind seltsam entartet. Man könnte sie fürchten. Sie haben viele Furchen, wie Narben, oder herabhängendes Fleisch. Die Straßen sind sehr schmutzig, aber die Kinder sind meist sauber.

Wir sind anschließend im Algerierviertel gewesen. Da saßen an den Hauswänden, in den Türen und Fenstern Männer jeden Alters und von brauner bis schwarzer Hautfarbe. Es sah manchmal bedrohlich aus. In einer kleinen Gaststätte habe ich in diesem Viertel gegessen. Für wenig Geld habe ich ein gutes Essen bekommen. Es war Fisch, eine Suppe und ein reisähnliches Gericht. Die Leute waren sehr freundlich. Sie gefielen mir besser als viele von den Kultivierten mit Handschuhen und eingebildetem Nacken, die vor Vornehmheit das Maul nicht aufkriegen. An diesem Nachmittag habe ich viel gegessen. Das kostete natürlich Neue Francs. Mein Bestand ist in Marseille enorm geschrumpft.

Man hatte mir in Marseille erzählt, es sei schwierig, aus der Stadt herauszutrampen. Darum fuhr ich am Mittwochmorgen mit dem Zug nach Avignon. Der Weg geht durch die Camargue. Es war sehr heiß. Ich war froh, im Zug zu sein. Die Sonne brannte erbarmungslos auf das fast schattenlose Land. Es gibt dort viele Ruinen. Die Wohnhäuser liegen weit auseinander, mitten in den Feldern. Die Arbeit muss sehr hart sein. Der Zug fuhr über Arles. Ich konnte aus der Ferne römische Ruinen sehen.

Am Nachmittag war ich in Avignon. Ich habe mich erst verlaufen, dann einen großen Umweg gemacht. Ich war zwar vor drei Jahren in Avignon, aber der Weg vom Bahnhof zur AJ (Auberge de jeunesse) war mir unbekannt. Ich habe gefragt. Mein Französisch reichte nicht aus, um die Antwort zu verstehen. Dann wussten auch viele gar nicht, dass es überhaupt eine Jugendherberge gibt. Das trifft man häufig. Bei den Franzosen sind diese Einrichtungen nicht sehr bekannt. Viele wissen mit dem Wort Auberge de jeunesse gar nichts anzufangen.

Dann habe ich endlich die Jugendherberge gefunden. Ich habe dort gegessen. Eine französische Krankenschwester kennengelernt, die Deutsch sprach. Machte eine Zugreise durch Südfrankreich.

Am Abend in den Gärten des Papstes gewesen. Sie liegen über der Stadt in verschiedenen Etagen, die durch Natursteine und Mauern voneinander abgesetzt sind. Die Bäume haben ein tiefes Grün neben einem leblosen Braun. Manche Bäume stehen so schief, dass sie abgestützt werden mussten. Des Abends sind in den Gärten viele Scheinwerfer eingeschaltet. Die strahlen die Bäume an und die Blumen und Springbrunnen. Der Palast, die Kirche, die Mauern, die Brücke leuchten in einem gespenstischen Weiß. Das Ganze wirkt wie eine Theaterkulisse. Es sieht gut aus. Aber irgendwie wirkt alles lächerlich oder unnatürlich oder gemacht, gestellt. Mir gefällt es nicht. Vielleicht ist hier von der Natur zu viel entfernt worden. Als ich zuletzt da war, gab es unheimlich viele Katzen. Jetzt sah ich keine.

Den anderen Tag bin ich in Avignon geblieben. Ich hatte erfahren, dass gleich neben der Jugendherberge ein großes Freibad ist. Dort gibt es einen 5-Meter-Sprungturm. Ich bin den ganzen Tag dort gewesen. Am Morgen war das Mädchen mit. Sie musste dann um 12 mit dem Zug fort. Am Abend bin ich zur Stadt. Bin dort wieder in uralte Straßen gekommen, in welchen ein zigeunerähnliches Volk lebt. Es gefiel mir hier wieder besser als in der mit Restaurants, Hotels und Geschäften übersäten Innenstadt. Man hat die Stadt für die Touristen verändert. Man entspricht den Wünschen der Touristen. Es ist wie auf einem Bahnhof.

Heute Morgen bin ich von Avignon fort. Ich musste ein großes Stück laufen, um aus der Stadt zu kommen. Dann habe ich lange gewartet und viel auf die Autofahrer geflucht, die mit großen Autos allein und mit fettem Lächeln und Sonnenbrille vorbeirauschten. Das Geld macht die Menschen zu dummen Idioten, die noch eingebildet sind. Ich weiß nicht, mit welchem Recht sich irgendein Mensch nur irgendetwas einbilden kann. Diejenigen, die es tun, finde ich lächerlich. Man sollte sie auf der Kirmes oder im Zoo in einem Käfig kostenlos zeigen. Aber leider würden nur sehr wenige darüber lachen – oder viele würden lachen, aber deren Lachen gehörte auch wieder in den Käfig. Leider sind die Menschen arm, oder der Speck macht zu schnell satt. Die Menschen missbrauchen ihren Intellekt.

Außerhalb von Avignon bekam ich ein Auto. Ein 19-jähriger französischer Student aus Lyon. Sehr nett. Fuhr nach Orange. Um 1 Uhr (13:00 Uhr) dort. Dann um (?Uhr) weiter. Um 8 (20:00 Uhr) in Lyon. Zu Fuß zur AJ, die letzte Strecke im Pkw, welcher anhielt und (dessen Fahrer) mich fragte, ob ich zur AJ wollte.

<u>1. September 1962, Samstag (Chalon-sur-Saône)</u>

Habe in Lyon die Küche geputzt. Alle müssen arbeiten, bevor sie weggehen. Um 8 oder 9 los. Lange zu Fuß. Etwa um 12 das erste Auto. 10 km. Es war schlimm heute: die Sonne, Durst, Hunger und kaum Geld. Dann die Tramp-feindlichen Autos. Ich habe heute nur 150 km geschafft.

Die Landschaft entlang der Saône ist schön. Felder, Wiesen, Baumbestand, Tiere, kleine Gehöfte, Ortschaften. Ich werde hier noch einmal hin, wenn ich ein Auto habe. Aber vorerst habe ich noch genau 3,40 NF. Davon muss ich die Übernachtung bezahlen.

Chalon gefällt mir. Ich habe zwar nicht viel gesehen, aber die Leute sind sehr freundlich. Ein alter Mann brachte mich zur Jugendherberge. Diese liegt ziemlich außerhalb, eine Viertelstunde vom Zentrum. Sie ist ganz neu, hotelähnlich. Gute Betten, große Küche, Tagesraum, netter Herbergsvater. Er besorgte mir Brot. Ich habe heute 3 Liter Milch getrunken. Morgen versuche ich, über Besançon nach Colmar/Freiburg zu kommen. Von dort ist die Verbindung nach Hause besser.

7. September 1962 (Köln)

Schon lange wieder zurück. Inzwischen zu Hause gewesen.

Von Chalon-sur-Saône begann schwieriger Teil der Reise. Sonntag. Nach langem Fußmarsch aus der Stadt heraus Richtung Dole ein Auto für 10 km. Den Tag über gelaufen bis gegen Abend. Die Straße kaum befahren. Die wenigen Autos fast alle besetzt, die anderen hielten auch nicht. Es war sehr heiß. Ich hatte kein Geld. Einmal trank ich Wasser von einer Pumpe, die auf einer Weide stand. Eine Brombeerhecke geplündert. Ich hatte die Hoffnung auf ein Auto aufgegeben. Glaubte, die Nacht draußen zubringen zu müssen. Am Abend hielt ein Auto. VW aus Berlin mit A.-Student. Nach Dole. Dort in JH übernachtet. Altes Schloss mit quietschenden Türen und knarrendem Boden. Im Dunkeln war es unter dem Dach im zweiten Stock unheimlich. Vielwinkliger Flur mit vielen Türen und Ecken. Habe in einem großen Saal im Parterre geschlafen.

Am anderen Morgen, Montag, mit A.-Stud. nach Freiburg. Dabei über Besançon und Ronchamp und Basel. In Ronchamp Kapelle von Le Corbusier. Gut.

Nach Freiburg. Dort beide in Jugendherberge. Am anderen Morgen zum Münster, Mensa und Uni-Sekretariat. Adresse von H. geholt. Berl.

82

Stud. fort. Lieh mir Geld. Mit H. J. am Nachmittag durch die Stadt. Abends bei ihm gegessen. Zur Jugendherberge. Übernachtet. Dann Richtung Köln. Vier Autos, das letzte ein Holländer von Karlsruhe bis Köln. Sehr schnell. Um fünf in Köln. Zu meinem Zimmer, dann nach Hause. Schluss.

Versuche zu abstrakten Vorstellungen

Die Spielerei, ich suche sie: ein Scherz nur mitten im Ernst. Verderbendes Wort. Sie lachen. Man lache, bilde ein Gefühl, bilde den Ausdruck, bilde das Notwendige. Als ich den Toten sah, gab es keine Zeit. Ich habe dagesessen, ich wollte Mensch sein in einem Raum. Zu spät, hörte ich sie reden, zu spät, ja, zu spät. Ich dachte an den Schleier, seine Farbe im Regen, seine Schwere. Ich denke an Dich, den Toten, den Zweck, an das Nichts. Ich denke an seine Form.

In jener Zeit steht ohne Eifer ein Wesen zur Frage auf. Es steht in der Welt, diesem da, das so heißt oder dessen Namen so sein muss in der Fülle, im dauernden Ich. Ein Wesen ohne Bezug, zwischen den Wänden der Unbedingtheit. Ich greife das Ende und das zweite und greife viele wie bei der Ernte und tue sie in einen Korb. Dann fülle ich den zweiten und fülle den dritten Korb. Noch ist das Feld voll, doch ein Sturm kann vieles vernichten und die Sonne, etwas zu viel, machte die Arbeit zunichte. Weh, helfe mir der Regen in dieser Zeit, die ich nicht fülle.
Nun sind viele Körbe voll, einer wie der andere, und ich erlernte dabei, bei dem Füllen, eine Technik, erlernte mich eine Technik, der ich nun Ausdruck sein kann.
Am Himmel reigen Atome in großen Mengen. Atom zu Atom zu Atom, dann anders in einem Raum, der ohne es nicht ist. Ich reige mit ihnen,

84

mit ihren Lügen, mit meinen Augen ein Leben. Ich finde mich nicht, noch nie sah ich mich, und ich kenne auch nicht meinen Ruf, meine Stimme, die spricht da das seltene Gebet ohne Sinn. Und wieder Lüge.

Aufgliederung des Textes

Versuche zu abstrakten Vorstellungen

Die Spielerei, ich suche sie. – Ein Scherz nur mitten im Ernst.

Verderbendes Wort!

Sie lachen!

Man lache! – Bilde ein Gefühl, bilde den Ausdruck, bilde das Notwendige!

Als ich den Toten sah, gab es keine Zeit. Ich habe dagesessen, ich wollte Mensch sein in einem Raum. „Zu spät", hörte ich sie reden, „zu spät!"

Ja, zu spät!

Ich dachte an den Schleier, seine Farbe im Regen, seine Schwere. Ich denke an dich, den Toten, den Zweck, an das Nichts. Ich denke an seine Form.

In jener Zeit steht ohne Eifer ein Wesen zur Frage auf! Es steht in der Welt, diesem da, das so heißt oder dessen Namen so sein muss, in der Fülle, im dauernden Ich! Ein Wesen ohne Bezug, zwischen den Wänden der Unbedingtheit!

Ich greife das Ende und das zweite und greife viele, wie bei der Ernte, und tue sie in einen Korb. Dann fülle ich den zweiten und fülle den dritten Korb.

Noch ist das Feld voll, doch ein Sturm kann vieles vernichten und die Sonne, etwas zu viel, machte die Arbeit zunichte!

Weh, helfe mir der Regen in dieser Zeit, die ich nicht fülle!

Nun sind viele Körbe voll, einer wie der andere!

Und ich erlernte dabei, bei dem Füllen, eine Technik, erlernte mich eine Technik, der ich nun Ausdruck sein kann.

Am Himmel reigen Atome in großen Mengen, Atom zu Atom zu Atom! Dann anders in einem Raum, der ohne es nicht ist!

Ich reige mit ihnen, mit ihren Lügen, mit meinen Augen, ein Leben. Ich finde mich nicht, noch nie sah ich mich, und ich kenne auch nicht meinen Ruf, meine Stimme.

Die spricht da das seltene Gebet!

Ohne Sinn. Und wieder Lüge.

Deutung

Versuche zu abstrakten Vorstellungen

> Infolge meiner damaligen Wissenschaftsgläubigkeit war ich der Meinung, dass alle unsere Gedanken auf Reaktionsabläufen in unserem Gehirn beruhten. Um diese Reaktionsabläufe zu unterbrechen, schrieb ich bei meinen Tagebucheintragungen, zu denen ich mich innerlich gedrängt fühlte, meist nur das, was mir gerade einfiel. Ich glaubte, auf diesem Wege zu neuen Vorstellungsinhalten zu kommen.

Die Spielerei, ich suche sie. –
> Gemeint ist ein Spiel mit Worten

Ein Scherz nur mitten im Ernst.

> Ein Scherz nur mitten im Ernst des Le-
> bens.

Verderbendes Wort!
> Nämlich das, was ich gerade äußerte. –
> Nach dem Wörterbuch der deutschen
> Sprache von Bertelsmann (Wö. d. dt.
> Spr. v. Be.) hat „etwas verderben" die
> Bedeutung von „durch unsachgemäße
> Behandlung unbrauchbar machen".

Sie lachen!
> Sie, die Leser, lachen darüber!

Man lache! – Bilde ein Gefühl,
> Im Wö. d. dt. Spr. v. Be. hat „etwas bil-
> den" die Bedeutung von „erzeugen,
> hervorbringen, schaffen". – Im gleichen
> Wörterbuch hat „fühlen" an erster
> Stelle die Bedeutung von „mit dem
> Tastsinn wahrnehmen, körperlich spü-
> ren" und an zweiter Stelle von „seelisch
> empfinden".

bilde den Ausdruck,
> Nämlich des Gefühls

bilde das Notwendige!

Als ich den Toten sah, gab es keine Zeit.

> ➢ Wohl als „Gefühl" zu werten, das ich gebildet habe und jetzt ausdrücke. Mit dem „Toten" bin ich gemeint nach meinem Tod.

Ich habe dagesessen, ich wollte Mensch sein in einem Raum.

> ➢ Nämlich Mensch sein im irdischen Raum, auf unserer Erde.

„Zu spät", hörte ich sie reden, „zu spät!"

Ja, zu spät!

Ich dachte an den Schleier,

> ➢ „Das Bild des Schleiers im Traum symbolisiert ein Geheimnis, dessen Art unterschiedlich sein kann. Das Geheimnis der Sexualität wird bei fast allen Völkern durch den Schleier der Braut dargestellt. Das Zerreißen des Schleiers bedeutet Defloration. Für Mädchen wie für junge Männer weist er auf die Problematik der Jungfräulichkeit ..."
> (Günter Harnisch)

seine Farbe im Regen, seine Schwere.

> „Einer Sache Farbe geben" bedeutet nach dem Lexikon der sprichwörtlichen Redensarten „sie beleben und interessant gestalten". — „Der Regen ist ein Fruchtbarkeitssymbol. Er hat vorwiegend die Bedeutung einer geistigen Befruchtung im Sinne von neuen und schöpferischen Ideen. Manchmal ist dieses Symbol aber auch Ausdruck von Traurigkeit oder depressiver Stimmung." (Günter Harnisch)

Ich denke an dich, den Toten, den Zweck, an das Nichts. Ich denke an seine Form.

In jener Zeit steht ohne Eifer ein Wesen zur Frage auf! Es steht in der Welt, diesem da, das so heißt oder dessen Namen so sein muss, in der Fülle, im dauernden Ich! Ein Wesen ohne Bezug, zwischen den Wänden der Unbedingtheit!

Ich greife das Ende
> Nämlich das Ende von dem, was ich dachte, also das Erdachte.

und das zweite und greife viele, wie bei der Ernte, und tue sie in einen Korb. Dann fülle ich den zweiten und fülle den dritten Korb.

Noch ist das Feld voll,

> ➢ „In der Traumsprache ist das Feld meist als Betätigungsfeld zu sehen. Es symbolisiert ein Aufgaben- und Interessengebiet ...“ (Günter Harnisch)

doch ein Sturm kann vieles vernichten

> ➢ „... Oft ist der Wind Hinweis auf starke geistige Energien. [...] Wo eine starke geistige Bewegtheit einsetzt, dort teilt sie sich oft im Traum als herannahender Sturm mit ...“ (Günter Harnisch)

und die Sonne, etwas zu viel, machte die Arbeit zunichte!

> ➢ „Die **Sonne** ist eines der positivsten Traumsymbole. Sie kennzeichnet im Traum stets produktive schöpferische Energie, die künstlerische Ideen oder Bewusstseinsprozesse in Gang bringt.“ (Günter Harnisch). – „Die positive (männliche) Kraft der Seele, Energiesymbol des Lebens, des Schöpferischen, des Befruchtenden, denn in den meisten Kulturen wird die Sonne als männlich angesehen. Wo sie im Traum aufgeht, da ist Erfolg in allen Lebensberei-

chen zu erwarten. Wo sie untergeht, mündet eine Glücksphase ins Alltägliche. Die leuchtende Kraft der Sonne erhellt unser Bewusstsein und macht uns für neue und gute Taten bereit ..." (Georg Fink). – „... Das leuchtendste und größte Energiesymbol ist die Sonne. Wo sie im Traum aufgeht, ist stärkste Wirkung, ist ein tätiger Morgen zu erwarten. Nur in den Wüstenträumen kann die sengende Glut dem Wanderer den Tod bringen. Sonst aber ist sie die Bringerin des Lebens, des Schöpferischen, Befruchtenden. Sonnenuntergänge aber sind im Traum meist von negativer Bedeutung, eine Bewusstseinsphase geht zu Ende." (Ernst Aeppli). – „... Betrachten wir die Sonne (Orange) und die Erde (Blau), so finden wir in ihnen Urbild und Vorbild des Liebens. Das war auch der Inhalt der Sonnenreligion Altägyptens und wird auch die Religion des Wassermannzeitalters, des Evangeliums

der Sonne sein." (Heinrich Elijah Benedikt)

Weh, helfe mir der Regen in dieser Zeit, die ich
nicht fülle!

> „Der Regen ist ein Fruchtbarkeitssym-
> bol. Er hat vorwiegend die Bedeutung
> einer geistigen Befruchtung im Sinne
> von neuen und schöpferischen Ideen ..."
> (Günter Harnisch)

Nun sind viele Körbe voll, einer wie der andere!

Und ich erlernte dabei, bei dem Füllen, eine
Technik,

> „Etwas erlernen" bedeutet nach dem
> Wö. d. dt. Spr. v. Be. „sich lernend mit
> etwas beschäftigen, bis man es be-
> herrscht". — Im gleichen Wörterbuch
> hat „Technik" an dritter Stelle die Be-
> deutung von „Gesamtheit der Regeln
> und Verfahren einer Tätigkeit".

erlernte mich eine Technik,

> Denn ich war mir nicht bewusst, wie
> und was ich schrieb.

der ich nun Ausdruck sein kann.

Am Himmel reigen Atome in großen Mengen,

> „reigen" ist ein im Sprachgebrauch unbekanntes Verb, hier abgeleitet vom „Reigen", der im Wö. d. dt. Spr. v. Be. definiert wird als „Schreittanz". Synonyme für Reigen sind nach dem gleichen Wörterbuch „Reihen, Reihentanz". – „Der Tanz ist eine sehr alte Körpersprache des Menschen. Bei den Naturvölkern wurden und werden noch heute alle wichtigen Lebenssituationen im rituellen Tanz modellhaft durchgespielt ..." (Günter Harnisch)

Atom zu Atom zu Atom! Dann anders in einem Raum, der ohne es nicht ist!

> ... der ohne das Atom nicht existiert.

Ich reige mit ihnen,

> Nämlich in dem „Raum, der ohne es nicht ist".

mit ihren Lügen,

> Denn Atome sind ja nicht unteilbar.

mit meinen Augen,

> „Im Volksmund bezeichnet man die Augen als den Spiegel der Seele. Das Auge

hat im Traum die Symbolbedeutung eines Bewusstseinsorgans ...'' (Günter
Harnisch)

ein Leben. Ich finde mich nicht,

> Im Wö. d. dt. Spr. v. Be. hat ,,sich fin-
den'' an erster Stelle die Bedeutung von
,,wieder auftauchen, wieder entdeckt
werden'',

noch nie sah ich mich,

> Synonyme für ,,sehen'' sind nach dem
Duden unter anderem ,,erkennen, begreifen, durchschauen, erfassen, verstehen''.

und ich kenne auch nicht meinen Ruf,

> Nämlich meinen Ruf an die Welt, an die
Menschen.

meine Stimme.

> Nämlich meine Stimme hier im Tage-
buch

Die spricht da das seltene Gebet!

Ohne Sinn. Und wieder Lüge.

> Nämlich ,,Ohne Sinn''.

9. September 1962, Sonntag

Vor einer großen Tür warte ich. Diese Tür sah ich einst, ich habe ihre Bedeutung verloren, wie sie mich. Ich habe sie genau beobachtet und auf Fehler untersucht. Das war meine Arbeit. Ich sah dort Unwesentliches, das mich entführte. Den Kreis in hellem Licht im Sand und seine Wiederholung in anderer Ebene. Ich rede ihn an, diesen verstreichenden Augenblick, ich suche ihn zu halten, gebe ihm einen Namen. Doch dieser wirft ihn ab ohne Gesicht. Da steht mein Leben, dort bewegt es sich zwischen anderen! Ich höre, so wie ich höre, höre ich eine Stimme, richte ich mich auf eine Veränderung:

„Du bist die Sonne",

darauf wieder, aber anders:

„du warst die Sonne",

darauf wieder, aber anders:

„ein Kreis in zweiter Ebene auf einem zweiten Kreis in dritter Ebene auf einem Kreis irgendwo. Im Kreis die Kreise in anderen Kreisen kreisen und nicht kreisen. Punkt für Punkt, Strich für Strich, Wort für Wort, Welt für nicht Welt. Oh, einfache Umkehrung, verführerische Süße, verhängnisvoller Atem."

So, wie ich höre, höre ich Dich im Abgrund, höre ich den Stein fallen, die monotone Schwere im Abgrund, höre ich die Schwere. Die Stimmen

reden, sie reden auf mich ein, ich höre die Stimmen auf mich reden, Stimmen, höre das Nächtliche, den monotonen Gesang der Leere:
„Ich sehe im roten Schein und sehe im grünen und meide den blauen."

Aufgliederung des Textes

Vor einer großen Tür warte ich. Diese Tür sah ich einst. Ich habe ihre Bedeutung verloren, wie sie mich. Ich habe sie genau beobachtet und auf Fehler untersucht. Das war meine Arbeit. Ich sah dort Unwesentliches, das mich entführte: den Kreis in hellem Licht im Sand und seine Wiederholung in anderer Ebene. Ich rede ihn an, diesen verstreichenden Augenblick, ich suche ihn zu halten, gebe ihm einen Namen. Doch dieser wirft ihn ab ohne Gesicht.

Da steht mein Leben, dort bewegt es sich zwischen anderen! Ich höre. So wie ich höre, höre ich eine Stimme, richte ich mich auf, eine Veränderung:

„Du bist die Sonne!"

Darauf wieder, aber anders:

„Du warst die Sonne!"

Darauf wieder, aber anders:

„Ein Kreis in weiter Ebene auf einem zweiten Kreis in dritter Ebene auf einem Kreis irgendwo! Im Kreis die Kreise in anderen Kreisen kreisen und nicht kreisen!
Punkt für Punkt, Strich für Strich, Wort für Wort, Welt für Nicht-Welt!"

Oh, einfache Umkehrung, verführerische Süße, verhängnisvoller Atem! So, wie ich höre, höre ich dich im Abgrund, höre ich den Stein fallen, die monotone Schwere im Abgrund, höre ich die Schwere. Die Stimmen reden, sie reden auf mich ein, ich höre die Stimmen auf mich reden, Stimmen, höre das Nächtliche, den monotonen Gesang der Leere:

„Ich sehe im roten Schein und sehe im grünen und meide den blauen!"

Deutung
> ➢ Tagebucheintrag inspiriert.

Vor einer großen Tür warte ich.

> Gemeint ist das Portal der Kirche bzw. (im übertragenen Sinn) die Kirche selbst.

Diese Tür sah ich einst.

> „Tür und Tor zeigen im Traum Zugangsmöglichkeiten an, deren Art sich aus der weiteren Traumhandlung bestimmen lässt. Entsprechend lassen sich auch verschlossene oder fehlende Türen deuten." (Günter Harnisch). – „Etwas sehen" hat nach dem Wörterbuch der deutschen Sprache von Bertelsmann (Wö. d. dt. Spr. v. Be.) unter anderem die Bedeutung von „erkennen, durchschauen".

Ich habe ihre Bedeutung verloren, wie sie mich.

> Im Wö. d. dt. Spr. v. Be. hat „Bedeutung" an erster Stelle die Bedeutung von „Sinn", an zweiter Stelle von „Wichtigkeit" und an dritter Stelle von „Ansehen, Geltung".

Ich habe sie genau beobachtet und auf Fehler untersucht. Das war meine Arbeit. Ich sah dort Unwesentliches, das mich entführte:

> Im Wö. d. dt. Spr. v. Be. hat „entführen" an erster Stelle die Bedeutung von „mit Gewalt oder heimlich an einen anderen Ort bringen", zum Beispiel „ein Kind entführen".

den Kreis in hellem Licht im Sand und seine Wiederholung in anderer Ebene.

> Gemeint ist mit dieser Textstelle sicherlich die Hierarchie in der römisch-katholischen Kirche, denn „Der Kreis ist, wie auch der Ring, ein Ganzheitssymbol. Ihm wurde in alter Zeit in den Märchen und Mythen die Kraft eines Schutz- und Abwehrzaubers zugeschrieben. Alles, was sich im Traum in dem Kreis abspielt, hat besondere Bedeutung. Allgemein signalisiert der Kreis im Traum eine Konzentration psychischer Energie." (Günter Harnisch). – „In hellem Licht" übersetze ich im Textzusammenhang mit „im Rampenlicht". – „In der Traumsprache ist Sand meist ein Symbol für Zeit und Vergänglichkeit ..." (Günter Harnisch)

Ich rede ihn an, diesen verstreichenden Augenblick, ich suche ihn zu halten,

> Also den momentanen Augenblick. − Im Wö. d. dt. Spr. v. Be. wird „Augenblick" definiert als „sehr kurze Zeitspanne, Zeitpunkt", zum Beispiel „es dauert nur einen Augenblick".

gebe ihm einen Namen. Doch dieser wirft ihn ab ohne Gesicht.

> Nämlich der „Augenblick". − Synonyme für „Gesicht" sind nach dem Duden unter anderem „[Gesichts]züge, [Gesichts]ausdruck, Miene, Mimik, Charakter". − „Der Ausdruck des Gesichts kann seelische Befindlichkeiten widerspiegeln ..." (Günter Harnisch)

Da steht mein Leben,

> Im Wö. d. dt. Spr. v. Be. hat „stehen" an fünfter Stelle die Bedeutung von „sich in einem Zustand, in einer Lage, Stellung befinden".

dort bewegt es sich zwischen anderen! Ich höre.

> „Erlebt man im Traum Bilder von aufmerksam lauschenden Ohren, ohne

gleichzeitig Geräusche zu hören, so deutet dies auf eine intensive Beschäftigung mit der eigenen Person hin. Der Träumende horcht in sich hinein und denkt über seine innerpsychischen Vorgänge nach ..." (Günter Harnisch)

So wie ich höre, höre ich eine Stimme,

➢ Gemeint ist eine innere Stimme.

richte ich mich auf,

➢ richte ich meinen Oberkörper auf

eine Veränderung:

➢ Nämlich eine Veränderung meiner Körperhaltung. – Bei Menschen, die als Medien fungieren, wird immer wieder beobachtet, dass sie in dem Augenblick ihre Körperhaltung strammen, wo ein Wesen aus der Geistigen Welt durch sie zu sprechen beginnt. Auch ich habe in späteren Jahren dieses an einem Halbtrance-Medium feststellen können.

„Du bist die Sonne!"

➢ „Und Gott schuf den Menschen nach seinem Bilde - nach dem Bilde Gottes schuf er ihn; als Mann und Weib schuf

er sie." (1. Mose 1:27). — „Da sagte
Mose zu Gott: Ich werde also zu den Is-
raeliten kommen und ihnen sagen: Der
Gott eurer Väter hat mich zu euch ge-
sandt. Sie aber werden mich fragen:
Wie heißt er? Was soll ich ihnen dann
sagen? Gott antwortete Mose: Ich bin
der Ich-bin-da" (2. Mose 3:13-14). —
„Die Sonne ist eines der positivsten
Traumsymbole. Sie kennzeichnet im
Traum stets produktive schöpferische
Energie, die künstlerische Ideen oder
Bewusstseinsprozesse in Gang bringt."
(Günter Harnisch). — „Die positive
(männliche) Kraft der Seele, Energiesymbol des Lebens, des Schöpferischen,
des Befruchtenden, denn in den meisten Kulturen wird die Sonne als männlich angesehen. Wo sie im Traum aufgeht, da ist Erfolg in allen Lebensbereichen zu erwarten. Wo sie untergeht,
mündet eine Glücksphase ins Alltägliche.
Die leuchtende Kraft der Sonne erhellt
unser Bewusstsein und macht uns für

neue und gute Taten bereit ..." (Georg Fink). – ,,... Das leuchtendste und größte Energiesymbol ist die Sonne. Wo sie im Traum aufgeht, ist stärkste Wirkung, ist ein tätiger Morgen zu erwarten. Nur in den Wüstenträumen kann die sengende Glut dem Wanderer den Tod bringen. Sonst aber ist sie die Bringerin des Lebens, des Schöpferischen, Befruchtenden. Sonnenuntergänge aber sind im Traum meist von negativer Bedeutung, eine Bewusstseinsphase geht zu Ende." (Ernst Aeppli). – ,,... Betrachten wir die Sonne (Orange) und die Erde (Blau), so finden wir in ihnen Urbild und Vorbild des Liebens. Das war auch der Inhalt der Sonnenreligion Altägyptens und wird auch die Religion des Wassermannzeitalters, des Evangeliums der Sonne sein." (Heinrich Elijah Benedikt)

Darauf wieder, aber anders:

„Du warst die Sonne!"

Darauf wieder, aber anders:

„Ein Kreis in weiter Ebene auf einem zweiten Kreis in dritter Ebene auf einem Kreis irgendwo!

➢ „Der Kreis ist, wie auch der Ring, ein Ganzheitssymbol. Ihm wurde in alter Zeit in den Märchen und Mythen die Kraft eines Schutz- und Abwehrzaubers zugeschrieben. Alles, was sich im Traum in dem Kreis abspielt, hat besondere Bedeutung. Allgemein signalisiert der Kreis im Traum eine Konzentration psychischer Energie." (Günter Harnisch). – Nach dem Wö. d. dt. Spr. v. Be. bezeichnet man mit „Kreis" an erster Stelle eine „geschlossene, ebene Kurve, deren Punkte von einem Mittelpunkt gleich weit entfernt sind" und an zweiter Stelle einen „Weg, der wieder zum Ausgangspunkt zurückführt".

Im Kreis die Kreise in anderen Kreisen kreisen und nicht kreisen!

➢ Im Wö. d. dt. Spr. v. Be. hat „Kreis" (hier bezogen auf „in anderen Kreisen") an fünfter Stelle die Bedeutung von

„Personengruppe", zum Beispiel „Freundeskreis, Bekanntenkreis, kirchliche, politische Kreise". – Nach dem gleichen Wörterbuch hat „kreisen" die Bedeutung von „sich im Kreis bewegen".

Punkt für Punkt,

> „Nun mach aber einen Punkt!" bedeutet nach dem Wö. d. dt. Spr. v. Be. (umgangssprachlich) „nun hör aber auf!". – „In den östlichen Kulturen ist der Punkt ein Symbol für die Mitte, für das Wesentliche, das Zentrum. Diese Bedeutung drückt sich bei uns in der Redensart ,etwas auf den Punkt bringen' aus. In der Traumsprache stellt sich der Punkt manchmal als Mittelpunkt eines Kreises dar. Er drückt meist einen Hinweis oder den Wunsch aus, sich auf das Wesentliche zu konzentrieren." (Günter Harnisch)

Strich für Strich,

> Im Wö. d. dt. Spr. v. Be. hat „Strich" an neunter Stelle die Bedeutung von „Prostitution auf der Straße", zum Bei-

spiel „auf den Strich gehen", und an zweiter Stelle von „das Streichen, Streichung".

Wort für Wort,

> ➤ Im Wö. d. dt. Spr. v. Be. wird „Wort" an erster Stelle definiert als „kleinste selbständige Lautgruppe mit einer bestimmten Bedeutung". — „Im Anfang war das Wort, und das Wort war bei Gott, und Gott war das Wort". (Johannes 1,1)

Welt für Nicht-Welt!"

> ➤ Im Wö. d. dt. Spr. v. Be. hat „Welt" an zweiter Stelle die Bedeutung von „Leben (auf der Erde), Ablauf des Geschehens (auf der Erde)".

Oh, einfache Umkehrung, verführerische Süße, verhängnisvoller Atem!

> ➤ Im Wö. d. dt. Spr. v. Be. hat „süß" an fünfter Stelle die Bedeutung von „nicht mühsam, sehr angenehm", zum Beispiel „das süße Leben". — „Das Ein- und Ausatmen bedeutet Anspannung und Entspannung. Es veranschaulicht auf

diese Weise Lebensenergie. In der Traumsprache weist freier Atem auf unbehinderte Entfaltung der Energie und auf das Gleichgewicht der seelischen und körperlichen Kräfte hin ..." (Günter Harnisch)

So, wie ich höre,

> Bezüglich der Art und Weise meines Hörens siehe oben.

höre ich dich im Abgrund,

> Also eine Stimme von „unten". — Im Wö. d. dt. Spr. v. Be. hat „Abgrund" an zweiter Stelle (im übertragenen Sinn) die Bedeutung von „tiefer, dunkler Bereich", zum Beispiel „die Abgründe der menschlichen Seele". — „Ein Abgrund symbolisiert meist Lebensschwierigkeiten oder eine kritische Situation. Führt ein Weg des Träumenden an den Abgrund und nicht weiter, so ist dies ein Warnsignal, das er ernst nehmen sollte ..." (Günter Harnisch)

höre ich den Stein fallen,

> „Schroffes Gestein, Felsgeröll und Klippen symbolisieren körperliche und geistig-seelische Festigkeit und Stärke, aber auch Härte, Kälte und Egoismus ..." (Günter Harnisch) – In meinen inspirierten Tagebuchtexten vergleiche ich uns Menschen bzw. werden wir Menschen des Öfteren mit Steinen verglichen, die ja wie wir körperlich aus Materie bestehen und die dazu im übertragenen Sinn Aspekte unseres seelisch-geistigen Verhaltens darstellen. – Im Wö. d. dt. Spr. v. Be. hat „fallen" an erster Stelle die Bedeutung von „sich (infolge der Schwerkraft) von selbst nach unten bewegen, stürzen".

die monotone Schwere im Abgrund, höre ich die Schwere.

> Im Wö. d. dt. Spr. v. Be. hat „Schwere" an zweiter Stelle die Bedeutung von „schwerwiegende Beschaffenheit". – Im gleichen Wörterbuch hat „schwer" an sechster Stelle die Bedeutung von

„schlimm, besorgniserregend, Kummer, Sorgen bereitend".

Die Stimmen reden, sie reden auf mich ein, ich höre die Stimmen auf mich reden, Stimmen,

> Nämlich in meinem Inneren.

höre das Nächtliche,

> „Die Nacht stellt im Traum den gesamten Bereich des Unbewussten dar, der im Dunkeln liegt." (Günter Harnisch)

den monotonen Gesang der Leere:

> Im Wö. d. dt. Spr. v. Be. hat „Leere" an erster Stelle die Bedeutung von „das Leersein", zum Beispiel (im übertragenen Sinn) „innere Leere".

„Ich sehe im roten Schein und sehe im grünen und meide den blauen!"

> „Die Farbe Rot drückt Leidenschaft, Sinnlichkeit, Feuer und gesteigerte Vitalität aus. Aber Rot ist auch die Farbe der Revolution, der blutigen Unterdrückung. Sie kann – wie bei der Verkehrsampel – ein Gefahrensignal bedeuten." (Günter Harnisch). – „Grün ist im Traum wie in der Wirklichkeit

die Farbe des frischen, neuen natur-
haften Lebens. Es zeigt ein Werden an,
noch keine Reife. Grün kann also auch
die Bedeutung von unreif haben."
(Günter Harnisch). – „Als Farbe drückt
das Blau Ferne, Weite und Unendlichkeit aus ..." (Günter Harnisch). – „...
Blau ist die Farbe des Himmels, des
Meeres und der stillen Wasser, die den
Himmel widerspiegeln. Es führt uns in
die Weite und in die Tiefe. Es eröffnet
Neuland und zieht uns in die Ferne. Es
vermittelt den Eindruck der Unbe-
grenztheit des Universums und der
Seele ..." (Heinrich Elijah Benedikt)

11. September 1962, Dienstag

Ich habe eine Idee gehabt, die ich schon immer hatte, nur ohne Gewicht. Ich werde anfangen müssen, die mit den Sinnen erlernte Welt, jedes einzelne Ding, wieder mit sehr viel Kritik zu betrachten. Es ist erstaunlich, wie leer manchmal ein Begriff ist, wie relativ und nützlich. Es ist darum auch so gefährlich für jeden Menschen, in der großen Vielfalt unserer Anschauung zu leben. Die meisten Menschen werden sich wohl kaum jemals im Leben der Scheinheiligkeit ihres Denkens, ihres Lebensbewusstseins, klar. Aber dieses ist auf der anderen Seite ein großes Plus, denn es gäbe ein unendlich großes Chaos, eine große Unentschlossenheit in der Welt, wenn die Menschen jede Sekunde ihres Daseins zu analysieren versuchten. Wiederum ist aber das ein notwendiges Handwerk, damit falsche Vorstellungen so schnell wie möglich zunichte gemacht werden können. Es muss eben auch Menschen geben, die das Sein in Frage stellen! Wer weiß, ob sie nicht zu einer Ordnung gehören.

<u>Aufgliederung des Textes</u>

Ich habe eine Idee gehabt, die ich schon immer hatte, nur ohne Gewicht. Ich werde anfangen müssen, die mit den Sinnen erlernte Welt, jedes einzelne Ding wieder mit sehr viel Kritik zu betrachten. Es ist erstaunlich, wie leer manchmal ein Begriff ist.

Wie relativ und nützlich!

Es ist darum auch so gefährlich für jeden Menschen, in der großen Vielfalt unserer Anschauung zu leben. Die meisten Menschen werden sich wohl kaum jemals im Leben über die Scheinheiligkeit ihres Denkens …

Ihres Lebensbewusstseins!

… klar.

Aber dieses ist auf der anderen Seite ein großes Plus, denn es gäbe ein unendlich großes Chaos, eine große Unentschlossenheit in der Welt, wenn die Menschen jede Sekunde ihres Daseins zu analysieren versuchten!

Wiederum ist aber das ein notwendiges Handwerk, damit falsche Vorstellungen so schnell wie möglich zunichte gemacht werden können.

Es muss eben auch Menschen geben, die das Sein in Frage stellen!

Wer weiß, ob sie nicht zu einer Ordnung gehören.

Deutung

➢ Das fett Geschriebene wurde meines Erachtens inspiriert, denn es unterscheidet sich inhaltlich und auch von seinem Ausdruck her deutlich vom übrigen Text.

Ich habe eine Idee gehabt, die ich schon immer hatte, nur ohne Gewicht.

➢ Im Wörterbuch der deutschen Sprache von Bertelsmann (Wö. d. dt. Spr. v. Be.) hat „Gewicht" an vierter Stelle die Bedeutung von „Wichtigkeit, Bedeutung".

Ich werde anfangen müssen, die mit den Sinnen erlernte Welt, jedes einzelne Ding wieder mit sehr viel Kritik zu betrachten.

➢ Im Wö. d. dt. Spr. v. Be. hat „Kritik" an dritter Stelle die Bedeutung von „kritische Beurteilung, Besprechung" und an vierter Stelle von ,,Beanstandung, Rüge, Tadel".

Es ist erstaunlich, wie leer manchmal ein Begriff ist.

Wie relativ und nützlich!

Es ist darum auch so gefährlich für jeden Menschen, in der großen Vielfalt unserer Anschauung zu leben.

> ➢ Im Wö. d. dt. Spr. v. Be. hat ,,Anschauung" an zweiter Stelle die Bedeutung von ,,Art des Anschauens, Art, die Dinge des Lebens zu sehen".

Die meisten Menschen werden sich wohl kaum jemals im Leben über die Scheinheiligkeit ihres Denkens ...

Ihres Lebensbewusstseins!

... klar.

Aber dieses ist auf der anderen Seite ein großes Plus, denn es gäbe ein unendlich großes Chaos, eine große Unentschlossenheit in der Welt, wenn die Menschen jede Sekunde ihres Daseins zu analysieren versuchten!

Wiederum ist aber das ein notwendiges Handwerk, damit falsche Vorstellungen so schnell wie möglich zunichte gemacht werden können.

Es muss eben auch Menschen geben, die das Sein in Frage stellen!

Wer weiß, ob sie nicht zu einer Ordnung gehören.

12. September 1962 (Fortsetzung vom Vortag)

Ich stelle sie heraus, wie ich diese Arbeit kann.
Ich fühle die Bewegung meiner Finger, die Bewegung meiner Arme. Ich sehe das helle Licht und
ich sehe ein dunkles. Ich sehe das Hell und das
Dunkel in einem Raum. Und ich stelle sie heraus.
Heraus. Mit meinen Fingern, die ich fühle. Mein
Puls ist ruhig. Er war schon einmal schneller.
Aber jetzt ist er ohne Hast, wo ich die Arbeit tue,
wo ich sie herausstelle. Oft muss ich gehen. Über
den Boden unter meinen Füßen durch, wüsste
ich es nur, durch – nein. Wo ich gehe, ist ein
künstlicher Boden, und über mir eine Trennung
vom freien Himmel. Wie schwach ich rede.
Wüsste ich nur Worte, könnte ich doch eine
Stunde beschreiben oder die Sonne. Doch ich bin
eine Maschine, die gut, vielleicht gut funktioniert!

Aufgliederung des Textes

Ich stelle sie heraus. Wie ich diese Arbeit kann!
Ich fühle die Bewegung meiner Finger, die Bewegung meiner Arme. Ich sehe das helle Licht und
ich sehe ein dunkles. Ich sehe das Hell und das
Dunkel in einem Raum. Und ich stelle sie heraus
– heraus mit meinen Fingern, die ich fühle. Mein

Puls ist ruhig. Er war schon einmal schneller. Aber jetzt ist er ohne Hast, wo ich diese Arbeit tue, wo ich sie herausstelle.

Oft muss ich gehen. Über den Boden unter meinen Füßen durch, wüsste ich es nur, durch ...

Nein!

Wo ich gehe, ist ein künstlicher Boden, und über mir eine Trennung vom freien Himmel. – Wie schwach ich rede! Wüsste ich nur Worte, könnte ich doch eine Stunde beschreiben oder die Sonne. Doch ich bin eine Maschine, die gut, vielleicht gut funktioniert.

Deutung
> Tagebucheintrag wohl überwiegend inspiriert.

Ich stelle sie heraus.
> Gemeint sind damit wohl die am Ende des letzten Tagebucheintrags angeführten „falschen Vorstellungen". – Im Wörterbuch der deutschen Sprache von Bertelsmann (Wö. d. dt. Spr. v. Be.) hat

„herausstellen" im übertragenen Sinn die Bedeutung von „betonen, deutlich machen", zum Beispiel „Besonderheiten herausstellen".

Wie ich diese Arbeit kann! Ich fühle die Bewegung meiner Finger, die Bewegung meiner Arme.

➢ Nämlich beim — mir damals aber nicht bewusst— automatischen Schreiben.

Ich sehe das helle Licht und ich sehe ein dunkles.

➢ Im Wö. d. dt. Spr. v. Be. hat „Licht" an vierter Stelle (im übertragenen Sinn) die Bedeutung von „jemand mit großen geistigen Fähigkeiten" und an fünfter Stelle von „geistige Fähigkeiten, Wissen". — „Licht ist Symbol für Bewusstsein, Verstand, Erkenntnisvermögen, geistige und gefühlsmäßige Klarheit, Ausgeglichenheit und Lebenskraft, Hoffnung und Freude am Leben. Das Licht beseitigt Unwissenheit und Zweifel. Was im Licht liegt, kann man erkennen und begreifen. Man braucht es nicht zu fürchten. In diesem Sinne verkörpert das Licht als Traumsymbol den

schöpferischen Geist, der Unwissenheit
und Zweifel überwindet ..." (Günter
Harnisch). – „Licht in etwas bringen"
bedeutet nach dem Wö. d. dt. Spr. v.
Be. „eine Sache aufklären".

Ich sehe das Hell und das Dunkel in einem Raum.

➢ *Nämlich in dem Raum, wo ich schreibe.*
  – Im Wö. d. dt. Spr. v. Be. hat „hell" an
  erster Stelle die Bedeutung von „reich
  an Licht, von Licht erfüllt, mit viel
  Licht". – Im gleichen Wörterbuch hat
  „dunkel" an erster Stelle die Bedeutung
  von „ohne Licht, finster", an vierter
  Stelle von „unklar, undeutlich, unbe-
  stimmt" und an fünfter Stelle von „an-
  rüchig, verdächtig".

Und ich stelle sie heraus –

➢ *Nämlich „das Hell und das Dunkel"*

heraus mit meinen Fingern, die ich fühle. Mein
Puls ist ruhig. Er war schon einmal schneller.
Aber jetzt ist er ohne Hast, wo ich diese Arbeit
tue, wo ich sie herausstelle.

Oft muss ich gehen.

> In der Realität wohl während eines Nachtdienstes im Krankenhaus.

Über den Boden unter meinen Füßen durch, wüsste ich es nur, durch ...

Nein!

Wo ich gehe, ist ein künstlicher Boden,

> Im Wö. d. dt. Spr. v. Be. hat „künstlich" an erster Stelle die Bedeutung von „unecht, einem Vorbild in der Natur nachgebildet".– „Ich hatte wieder Boden unter den Füßen" bedeutet nach dem Wö. d. dt. Spr. v. Be. „ich hatte wieder eine Lebensgrundlage".

und über mir eine Trennung vom freien Himmel. –

> Nämlich durch die Decke im Raum. – Im Wö. d. dt. Spr. v. Be. wird „Himmel" an erster Stelle definiert als „Luftraum über der Erde, der als Halbkugel wahrgenommen wird", und an zweiter Stelle als „Aufenthalt Gottes oder der Götter sowie (nach christlicher Lehre) der Seligen" und als „Paradies".

Wie schwach ich rede!

➢ Im Wö. d. dt. Spr. v. Be. hat „schwach"
an neunter Stelle die Bedeutung von
„unzulänglich, enttäuschend". – Hier
zeigt sich wieder, dass ich den tieferen
Sinn des von mir gerade Dargestellten
damals nicht erkannte.

Wüsste ich nur Worte, könnte ich doch eine
Stunde beschreiben oder die Sonne.

➢ Im Wö. d. dt. Spr. v. Be. wird „Stunde"
an erster Stelle definiert als „Zeitraum
von sechzig Minuten, vierundzwanzigs-
ter Teil eines Tages". – „Die Sonne ist
eines der positivsten Traumsymbole. Sie
kennzeichnet im Traum stets produktive schöpferische Energie, die künstlerische Ideen oder Bewusstseinsprozesse in
Gang bringt." (Günter Harnisch). – „Die
positive (männliche) Kraft der Seele,
Energiesymbol des Lebens, des Schöpferischen, des Befruchtenden, denn in
den meisten Kulturen wird die Sonne
als männlich angesehen. Wo sie im
Traum aufgeht, da ist Erfolg in allen
Lebensbereichen zu erwarten. Wo sie

untergeht, mündet eine Glücksphase ins Alltägliche. Die leuchtende Kraft der Sonne erhellt unser Bewusstsein und macht uns für neue und gute Taten bereit ..." (Georg Fink). – „... Das leuchtendste und größte Energiesymbol ist die Sonne. Wo sie im Traum aufgeht, ist stärkste Wirkung, ist ein tätiger Morgen zu erwarten. Nur in den Wüstenträumen kann die sengende Glut dem Wanderer den Tod bringen. Sonst aber ist sie die Bringerin des Lebens, des Schöpferischen, Befruchtenden. Sonnenuntergänge aber sind im Traum meist von negativer Bedeutung, eine Bewusstseinsphase geht zu Ende." (Ernst Aeppli). – „... Betrachten wir die Sonne (Orange) und die Erde (Blau), so finden wir in ihnen Urbild und Vorbild des Liebens. Das war auch der Inhalt der Sonnenreligion Altägyptens und wird auch die Religion des Wassermannzeitalters, des Evangeliums der Sonne sein." (Heinrich Elijah Benedikt)

Doch ich bin eine Maschine, die gut, vielleicht gut funktioniert.

➢ Damals hielt ich mich für eine Maschine, weil ich aufgrund meiner Wissenschaftsgläubigkeit annahm, dass alle meine Aktivitäten auf biochemischen Reaktionsabläufen in meinem Gehirn beruhten. Dass ich aber tatsächlich mit einer Maschine, nämlich in meiner Funktion als Schreibmedium mit einer Schreibmaschine zu vergleichen war, stellte ich erst bei der Durchsicht meiner Tagebücher etwa 45 Jahre später fest.

13. September 1962

Armer, ischiasgequälter Mensch. Arbeit im Krankenhaus nicht schwer, man lernt was dazu. Wenig Zeit.

Ein Komplex, eine fast aussichtslose Sache, deprimierend. Ich produziere nichts wie alte Schinken. Gäbe es nur ein Wort, das zu schreiben sich
lohnt. Ein kleines Wort nur, zu dem ich bisher
ohne Bezug war und das jetzt plötzlich da ist. Das
würde die Welt verändern, sie losknüpfen von
ihrer Kausalität, dem Zahnradgetriebe. Man
könnte unsere nüchterne Wirklichkeit, unser Bild
von der Welt bejammern, denn es hat außer der
Anfangsidee nichts Wunderbares. Das glaube ich
aus einfachen Gesetzen folgern zu können. Aber
endgültig ist es absolut nicht, solange noch der
geringste Zweifel besteht, die kleinste Sache ungeklärt ist.

Schade eigentlich, so drinzustecken, so abhängig
zu sein. Wie kommt man vorwärts? Es gibt nur
einen Weg: nüchtern, analytisch, in Kontakt mit
der Materie. Man muss ein Ding immer wieder
betrachten und es nicht einfach bei einer spröden Definition, einem wohlklingenden Namen
getan sein lassen. Vieles, wenn nicht alles aus
unserer Welt, ist irreführend durch die Farbe, die
der Mensch den Dingen gegeben hat. Sie ver-

tuscht, blendet und führt an der Tatsächlichkeit vorbei. Ein Beispiel: man sagt, das Auto rast. Was stellen wir uns dann vor? Ich mir jedenfalls wenig. Ich bin zu faul, mir die Tatsächlichkeit vor Augen zu führen. Ich bin mit der einfachen Definition ohne nähere Erklärung zufrieden, das „rasende Auto" ist eine Vokabel, die ich verstehe wie den Namen Pferd, Rad, Kind. In dieser Faulheit liegt, glaube ich, auch der Grund, warum die Menschen für viele Worte ihres Vokabulars überhaupt keine Vorstellungen mehr besitzen. Sie leben, reden, denken wie ein Spediteur, der Pakete und zugenagelte Kisten fährt. Er ist zufrieden, denn niemand verlangt von ihm, dass er den Inhalt der Kisten kennt. Die Menschen haben einfach den Weg zur Natur verloren. Sie sind, jedenfalls viele, entfremdet, sie sind die Opfer einer hoch zivilisierten Welt geworden. Das ist schade, und vielleicht wieder gut.

Aber ich finde, dass dem Kind für später von seinem Schulmeister etwas von der Belanglosigkeit seiner erlernten Welt mitgeteilt werden muss. Das macht bescheiden.

Aufgliederung des Textes

Armer, ischiasgequälter Mensch!

Arbeit im Krankenhaus nicht schwer, man lernt was dazu. Wenig Zeit.

Ein Komplex, eine fast aussichtslose Sache, deprimierend. Ich produziere nichts wie alte Schinken. Gäbe es nur ein Wort, das zu schreiben sich lohnt. Ein kleines Wort nur, zu dem ich bisher ohne Bezug war und das jetzt plötzlich da ist. Das würde die Welt verändern, sie losknüpfen von ihrer Kausalität, dem Zahnradgetriebe.

Man könnte unsere nüchterne Wirklichkeit, unser Bild von der Welt bejammern, denn es hat außer der Anfangsidee nichts Wunderbares. Das glaube ich aus einfachen Gesetzen folgern zu können. Aber endgültig ist es absolut nicht, solange noch der geringste Zweifel besteht, die kleinste Sache ungeklärt ist.

Schade eigentlich, so drinzustecken, so abhängig zu sein!

Wie kommt man vorwärts? Es gibt nur einen Weg: nüchtern, analytisch, im Kontakt mit der Materie. Man muss ein Ding immer wieder betrachten und es nicht einfach bei einer spröden Definition, einem wohlklingenden Namen getan sein lassen. Vieles – wenn nicht alles aus unserer Welt – ist irreführend durch die Farbe, die der Mensch den Dingen gegeben hat. Sie vertuscht, blendet und führt an der Tatsächlichkeit vorbei.

Ein Beispiel: Man sagt, das Auto rast. Was stellen wir uns dann vor? Ich mir jedenfalls wenig. Ich bin zu faul, mir die Tatsächlichkeit vor Augen zu führen. Ich bin mit der einfachen Definition ohne nähere Erklärung zufrieden. Das „rasende Auto" ist eine Vokabel, die ich verstehe wie den Namen Pferd, Rad oder Kind. In dieser Faulheit liegt, glaube ich, auch der Grund, warum die Menschen für viele Worte ihres Vokabulars überhaupt keine Vorstellungen mehr besitzen. Sie leben, reden und denken wie ein Spediteur, der Pakete und zugenagelte Kisten fährt. Er ist zufrieden, denn niemand verlangt von ihm, dass er den Inhalt der Kisten weiß. Die Menschen haben einfach den Weg zur Natur verloren. Sie sind, jedenfalls viele, entfremdet, sie sind die Opfer einer hoch zivilisierten Welt geworden.

Das ist schade – und vielleicht wieder gut!

Aber ich finde, dass dem Kind für später von seinem Schulmeister etwas von der Belanglosigkeit seiner erlernten Welt mitgeteilt werden muss. Das macht bescheiden.

<u>Deutung</u>

➢ Das fett Geschriebene ist meines Erachtens inspiriert, möglicherweise auch
Teile vom übrigen Text.

Armer, ischiasgequälter Mensch!

➢ Wohl als Antwort bzw. Widerspruch zu
verstehen auf meine Bemerkung am
Schluss des Tagebucheintrages vom
Vortag, wo ich schrieb: „Doch ich bin
eine Maschine, die gut, vielleicht gut
funktioniert."

Arbeit im Krankenhaus nicht schwer, man lernt
was dazu. Wenig Zeit.

Ein Komplex, eine fast aussichtslose Sache, deprimierend. Ich produziere nichts wie alte Schinken.

➢ Gemeint ist damit wohl, wie ich diesen
Tagebucheintrag begann.

Gäbe es nur ein Wort, das zu schreiben sich
lohnt. Ein kleines Wort nur, zu dem ich bisher
ohne Bezug war und das jetzt plötzlich da ist. Das
würde die Welt verändern, sie losknüpfen von
ihrer Kausalität, dem Zahnradgetriebe.

Man könnte unsere nüchterne Wirklichkeit, unser Bild von der Welt bejammern, denn es hat außer der Anfangsidee nichts Wunderbares. Das glaube ich aus einfachen Gesetzen folgern zu können. Aber endgültig ist es absolut nicht, solange noch der geringste Zweifel besteht, die kleinste Sache ungeklärt ist.

Schade eigentlich, so drinzustecken,

> Nämlich in dem von mir angenommenen „Zahnradgetriebe".

so abhängig zu sein!

Wie kommt man vorwärts? Es gibt nur einen Weg: nüchtern, analytisch, im Kontakt mit der Materie. Man muss ein Ding immer wieder betrachten

> Im Wörterbuch der deutschen Sprache von Bertelsmann (Wö. d. dt. Spr. v. Be.) Be. hat „betrachten" an zweiter Stelle die Bedeutung von „ansehen und sich Gedanken darüber machen, prüfend ansehen, untersuchen".

und es nicht einfach bei einer spröden Definition,

> Im Wö. d. dt. Spr. v. Be. hat „spröde" an fünfter Stelle die Bedeutung von „nicht unmittelbar anziehend", zum

Beispiel „der spröde Reiz einer Land-schaft".

einem wohlklingenden Namen getan sein lassen. Vieles – wenn nicht alles aus unserer Welt – ist irreführend durch die Farbe, die der Mensch den Dingen gegeben hat.

> *Synonyme für Farbe sind nach Woxikon unter anderem „Couleur, Anstrich, Tünche".*

Sie vertuscht, blendet und führt an der Tatsäch-lichkeit vorbei. Ein Beispiel: Man sagt, das Auto rast. Was stellen wir uns dann vor? Ich mir jeden-falls wenig. Ich bin zu faul, mir die Tatsächlichkeit vor Augen zu führen. Ich bin mit der einfachen Definition ohne nähere Erklärung zufrieden. Das „rasende Auto" ist eine Vokabel, die ich verstehe wie den Namen Pferd, Rad oder Kind. In dieser Faulheit liegt, glaube ich, auch der Grund, warum die Menschen für viele Worte ihres Vokabulars überhaupt keine Vorstellungen mehr besitzen. Sie leben, reden und denken wie ein Spediteur, der Pakete und zugenagelte Kisten fährt. Er ist zufrieden, denn niemand verlangt von ihm, dass er den Inhalt der Kisten weiß. Die Menschen ha-ben einfach den Weg zur Natur verloren. Sie sind, jedenfalls viele, entfremdet, sie sind die Opfer einer hoch zivilisierten Welt geworden.

Das ist schade – und vielleicht wieder gut!

> ➢ Gut insofern, als ein den Menschen gefälliges Leben nicht möglich wäre, wenn jedes Wort bei seiner Anwendung hinterfragt bzw. analysiert würde.

Aber ich finde, dass dem Kind für später von seinem Schulmeister etwas von der Belanglosigkeit seiner erlernten Welt mitgeteilt werden muss.

> ➢ So dachte ich infolge meiner damaligen Wissenschaftsgläubigkeit.

Das macht bescheiden

> ➢ Bescheidenheit ist im Prinzip eine gute Charaktereigenschaft. Aber wenn der Mensch beginnt, seine göttliche Herkunft zu erkennen, wird er sich anspruchsvolle Ziele stecken.

14. September 1962

Es schreit aus der Tiefe. Ich hole die Bretter zur Bühne. Ich hole sie in der Stadt, die man zur Bühne erbaut hat. Ich hole sie in der Nacht. Dann beginne ich ein Spiel. Ich denke mir dort Menschen in den Saal, die zuschauen. Mein Spiel ist schon aus, und ich erhalte Beifall. Es ist ein Sturm, den ich spielte. Ich hatte mich geöffnet, was auch eifrig beklatscht wurde. Dann redete ich. Manchmal stürmte ich dazu. Als ich in der Nacht die Bühne verließ, dachte ich an die Bretter. Ich hatte sie im Stall gelassen. Meine Bretter. Der Saal ist jetzt leer. Die Stühle stehen unordentlich herum. Ich sehe das ohne Licht. Das hatte ich mit dem Baumeister ausgemacht. Man muss im Saal auch bei Nacht ohne Licht auskommen können. Ich ging hinaus. Ich war mürrisch. Nicht einmal die Sprache beherrschte ich. Da hatte ich gesagt, als ich stürmte: „Oh Tor, zwischen deinen Füßen muss ich faulen." Ob sie mich verstanden? Es war still gewesen. Aber diese Sprachfehler sind unverzeihlich. Hätte ich nur den Tor entfernt. Welch ein Wort. Ich hörte es im Nebel vor vielen Jahren. Habe ich seine Bedeutung verloren? Vielleicht. Als ich in der Nacht stand, hörte ich eine Mauer. Ein komisches Geräusch. Und fremd. Ob ich es behalten könnte, dachte ich. Dann kam ein zweiter Ton von einem entfernteren Punkt. Ich beeilte mich. Es tat mir leid. Diese Unordnung. Ein Rechteck mit Höhe zum Raum, 6 Flächen ohne Bedeutung, 6 mal Ekel vor der Welt, 6 mal Tod. Der Wind war kalt. In großen Streifen sah ich mich in meiner Nähe. Ich füllte die Lücken und verschwand. Ein Raum blieb zurück, voll Trauer, eine blasse Träne.

Aufgliederung des Textes

Es schreit aus der Tiefe. Ich hole die Bretter zur Bühne. Ich hole sie in der Stadt, die man zur Bühne erbaut hat. Ich hole sie in der Nacht. Dann beginne ich ein Spiel. Ich denke mir dort Menschen in den Saal, die zuschauen. – Mein Spiel ist schon aus, und ich erhalte Beifall. Es ist ein Sturm, den ich spielte. Ich hatte mich geöffnet, was auch eifrig beklatscht wurde. Dann redete ich. Manchmal stürmte ich dazu.

Als ich in der Nacht die Bühne verließ, dachte ich an die Bretter. Ich hatte sie im Stall gelassen. Meine Bretter.

Der Saal ist jetzt leer. Die Stühle stehen unordentlich herum. Ich sehe das ohne Licht. Das hatte ich mit dem Baumeister ausgemacht. Man muss im Saal, auch bei Nacht, ohne Licht aus-kommen können.

Ich ging hinaus. Ich war mürrisch. Nicht einmal die Sprache beherrschte ich. Da hatte ich gesagt, als ich stürmte: „Oh Tor, zwischen Deinen Füßen muss ich faulen!" Ob sie mich verstanden? Es war still gewesen. Aber diese Sprachfehler sind unverzeihlich. Hätte ich nur den Tor entfernt! Welch ein Wort! Ich hörte es im Nebel vor vielen Jahren. Habe ich seine Bedeutung verloren? Viel-leicht. Als ich in der Nacht stand, hörte ich:

Eine Mauer!

Ein komisches Geräusch – und fremd. Ob ich es behalten könnte, dachte ich. Dann kam ein zwei-ter Ton, von einem entfernteren Punkt: „Ich be-eilte mich! Es tat mir leid! Diese Unordnung! Ein Rechteck mit Höhe zum Raum, 6 Flächen ohne Bedeutung, 6-mal Ekel vor der Welt, 6-mal Tod! Der Wind war kalt! In großen Streifen sah ich mich in meiner Nähe. Ich füllte die Lücken und verschwand. Ein Raum blieb zurück, voll Trauer, eine blasse Träne.""

<u>Deutung</u>

➤ Tagebucheintrag inspiriert.

Es schreit aus der Tiefe.

➤ Im Wörterbuch der deutschen Sprache von Bertelsmann (Wö. d. dt. Spr. v. Be.) hat „Tiefe" an dritter Stelle die Bedeutung von „Innerstes".

Ich hole die Bretter zur Bühne.

➤ Die Redewendung „die Bretter, die die Welt bedeuten" hat nach dem Wö. d. dt. Spr. v. Be. die Bedeutung von „die Schauspielbühne, das Theater".

Ich hole sie in der Stadt, die man zur Bühne erbaut hat.

➤ „Die Stadt stellt im Traum den seelischen Umweltbereich des Träumenden dar …" (Günter Harnisch)

Ich hole sie in der Nacht.

➤ „Die Nacht stellt im Traum den gesamten Bereich des Unbewussten dar, der im Dunkeln liegt." (Günter Harnisch)

Dann beginne ich ein Spiel. Ich denke mir dort Menschen in den Saal,

➤ „Das Haus stellt im Traum das Gehäuse der Seele dar. Entsprechend informie-

ren die einzelnen Räume über die verschiedenen seelischen Funktionen ...''
(Günter Harnisch)

die zuschauen. — Mein Spiel ist schon aus, und
ich erhalte Beifall. Es ist ein Sturm, den ich spielte.

> ,,... Oft ist der Wind Hinweis auf starke
> geistige Energien. [...] Wo eine starke
> geistige Bewegtheit einsetzt, dort teilt
> sie sich oft im Traum als herannahen-
> der Sturm mit ...'' (Günter Harnisch). —
> Im Wö. d. dt. Spr. v. Be. hat ,,Sturm''
> an zweiter Stelle die Bedeutung von
> ,,heftiger Angriff'', zum Beispiel ,,gegen
> etwas Sturm laufen''.

Ich hatte mich geöffnet,

> Synonyme für ,,sich öffnen'' sind nach
> dem Duden unter anderem ,,sich an-
> vertrauen, sich aussprechen, sich mit-
> teilen, sein Herz ausschütten, sich of-
> fenbaren''.

was auch eifrig beklatscht wurde.

> Im Wö. d. dt. Spr. v. Be. hat ,,beklat-
> schen'' an erster Stelle die Bedeutung
> von ,,durch Händeklatschen zeigen, dass

etwas oder jemand gefällt" und an zweiter Stelle von „Klatsch über etwas oder jemanden verbreiten".

Dann redete ich.

> ➤ Nach dem Wö. d. dt. Spr. v. Be. hat „reden" die Bedeutung von „etwas zum Ausdruck bringen, sich ausdrücken, sprechen".

Manchmal stürmte ich dazu.

> ➤ Nämlich im Rahmen des „Sturmes", den ich spielte.

Als ich in der Nacht die Bühne verließ,

> ➤ Nämlich in der oben angeführten Nacht

dachte ich an die Bretter. Ich hatte sie im Stall gelassen.

> ➤ „Der Stall ist in den Träumen meist der Ort der tierhaften Seite in uns. Er gibt Hinweise auf das Triebleben." (Günter Harnisch)

Meine Bretter.

Der Saal ist jetzt leer. Die Stühle stehen unordentlich herum. Ich sehe das ohne Licht.

> ➤ „Licht ist Symbol für Bewusstsein, Verstand, Erkenntnisvermögen, geistige

und gefühlsmäßige Klarheit, Ausgeglichenheit und Lebenskraft, Hoffnung und Freude am Leben. Das Licht beseitigt Unwissenheit und Zweifel. Was im Licht liegt, kann man erkennen und begreifen. Man braucht es nicht zu fürchten. In diesem Sinne verkörpert das Licht als Traumsymbol den schöpferischen Geist, der Unwissenheit und Zweifel überwindet ..." (Günter Harnisch)

Das hatte ich mit dem Baumeister ausgemacht. Man muss im Saal, auch bei Nacht, ohne Licht auskommen können.

Ich ging hinaus. Ich war mürrisch. Nicht einmal die Sprache beherrschte ich. Da hatte ich gesagt, als ich stürmte: „Oh Tor, zwischen Deinen Füßen muss ich faulen!"

➢ Nämlich nach meinem Tod, denn „Die Erde ist der Fußschemel Gottes, der Himmel sein Thron" (Jes 66,1 ; Mt 5,35). Danach befindet sich die Erde, die ja vom Himmel umgeben ist, zwischen den Füßen Gottes.

Ob sie mich verstanden?

> ➢ Nämlich die Zuschauer bzw. Zuhörer.

Es war still gewesen. Aber diese Sprachfehler sind unverzeihlich. Hätte ich nur den Tor entfernt! Welch ein Wort! Ich hörte es im Nebel vor vielen Jahren.

> ➢ „Wie der Nebel in der Wirklichkeit genaues Erkennen und Orientierung verhindert, so gilt er auch in der Traumsprache als Symbol für Ungewissheit, Zweifel, Unsicherheit und Sinnestäuschung." (Günter Harnisch)

Habe ich seine Bedeutung verloren?

> ➢ Nämlich die Bedeutung von „Tor". – Im Wö. d. dt. Spr. v. Be. wird „Tor" an erster Stelle definiert als „törichter, einfältiger Mensch".

Vielleicht. Als ich in der Nacht stand,

> ➢ Nämlich in der oben angeführten Nacht. – Im Wö. d. dt. Spr. v. Be. hat „stehen" an fünfter Stelle die Bedeutung von „sich in einem Zustand, in einer Lage, Stellung befinden".

hörte ich:

Eine Mauer!

➢ Zu „Mauer" beziehungsweise Wand schreibt Günter Harnisch: „Dieses Traumbild kommt in zwei unterschiedlichen Bedeutungen vor: Einmal verkörpert die Wand Schutz und Geborgenheit. Zum anderen stellt sie ein Hindernis dar."

Ein komisches Geräusch – und fremd.

➢ Denn im Tagebuch steht: „Als ich in der Nacht stand, hörte ich eine Mauer."

Ob ich es behalten könnte, dachte ich.

➢ „Etwas behalten" hat im Wö. d. dt. Spr. v. Be. an zweiter Stelle die Bedeutung von „sich merken".

Dann kam ein zweiter Ton, von einem entfernteren Punkt:

➢ Wohl von meiner Rechtfertigung am Tag meines Todes.

„Ich beeilte mich!

➢ „Sich beeilen" bedeutet nach dem Wö. d. dt. Spr. v. Be. „schnell machen, handeln".

Es tat mir leid!

> Nämlich dass ich sagte: Oh Tor, zwischen Deinen Füßen muss ich faulen!

Diese Unordnung!

> Diese Unordnung in der Welt! – Im Wö. d. dt. Spr. v. Be. wird „Unordnung" definiert als „Zustand mangelnder Ordnung".

Ein Rechteck mit Höhe zum Raum,

> Gemeint ist ein Sarg.

6 Flächen ohne Bedeutung,

> Gemeint sind die 4 Wände, der Boden und der Deckel des Sargs. – Im Wö. d. dt. Spr. v. Be. wird „Bedeutung" an erster Stelle definiert als „Sinn".

6-mal Ekel vor der Welt, 6-mal Tod! Der Wind war kalt!

> „... Oft ist der Wind Hinweis auf starke geistige Energien ..." (Günter Harnisch). – Synonyme für „kalt" sind nach „Thesaurus" unter anderem „leblos, tot".

In großen Streifen sah ich mich in meiner Nähe.

> Nämlich in meinem Tagebuch. – Synonyme für „Streifen" sind nach dem Duden unter anderem „Bildfolge, Bild-

erfolge, Film". — „Etwas sehen" hat
nach dem Wö. d. dt. Spr. v. Be. unter
anderem die Bedeutung von „erkennen,
durchschauen".

Ich füllte die Lücken und verschwand.

> *Im Wö. d. dt. Spr. v. Be. hat „Lücke" an*
> *zweiter Stelle die Bedeutung von „Man-*
> *gel".*

Ein Raum blieb zurück, voll Trauer, eine blasse
Träne."

17. September 1962, Montag

Bringe ich mich zur Besinnung. Ich denke an den Stein auf dem Feld. Ich ging hin, sah ihn liegen, diesen einen Stein. Wie fühlte ich ihn. Wie ein Ungeheuer war er. Oh Tod, dachte ich, den du verstreust. An diesem Nachmittag fehlte ich mir. An diesem Nachmittag fehlte die ganze Welt. Halb verdeckt lag er in weiter Ebene. Ich sah die Sonne, dann den Mond. Ich verbrachte die Nacht unter freiem Himmel – dachte ich an den Stein, dachte an den Stein, Stein, Stein, dachte in dieser Nacht. Und er lag im Feld. Unter ihm die große Erde, über ihm ein Himmel, über ihm lauter rote Ringe. Ich habe seine Ecken nicht gezählt. Mit welchen Händen sollte ich das tun? Die Kälte schadete meinen Fingern. Und wusste ich, ob nicht tückische Ecken mir das Fleisch von den Knochen rissen. Aber wie sollte ich mich dem Stein nähern? Hätte ich ihn doch nie gesehen. Wäre ich doch um dieses eine Wort ärmer gewesen. Was nutzte mein Jammern. In der Tiefe meines Herzens hörte ich ein müdes Gähnen. Wozu alles? Wer narrte mich? Lebte ich einem zum Scherz? Ich schüttelte mich. Dunkel war's. Hatte ich den Mond nicht gesehen? Ich begriff es nicht. Ich suchte den Stein und grub ihn aus mit meinen Händen. Dafür kniete ich am Boden wie zum Gebet. Meine Hände staken im Boden. Ich fühlte nassen Boden und die Flächen des Steines. Oh, dieser Stein. Könnte ich ihn doch beschreiben. Ich suchte seine gefährlichen Kanten. Ich war enttäuscht. Wer mochte ihn geschliffen haben? Weich lag er dann in den Händen. Sollte ich ihn fortwerfen? In dieser Zeit kam mir der Gedanke, eine Uhr zerschlagen zu müssen. Schwer lag er. Ich hatte Mühe. Wer ist gekommen, um den Stein zu wiegen, nur zu wiegen?

Aufgliederung des Textes

Bringe ich mich zur Besinnung. Ich denke an den Stein auf dem Feld. Ich ging hin, sah ihn liegen, diesen einen Stein. Wie fühlte ich ihn? Wie ein Ungeheuer war er. „Oh, Tod", dachte ich, „den du verstreust!"
An diesem Nachmittag fehlte ich mir. An diesem Nachmittag fehlte die ganze Welt. Halb verdeckt lag er in weiter Ebene. Ich sah die Sonne, dann den Mond. Ich verbrachte die Nacht unter freiem Himmel, dachte ich an den Stein – dachte an den Stein ...

Stein!

Stein dachte in dieser Nacht. Und er lag im Feld. Unter ihm die große Erde, über ihm ein Himmel, über ihm lauter rote Ringe. – Ich habe seine Ecken nicht gezählt. Mit welchen Händen sollte ich das tun? Die Kälte schadete meinen Fingern. Und wusste ich, ob nicht tückische Ecken mir das Fleisch von den Knochen rissen?! Aber wie sollte ich mich dem Stein nähern? Hätte ich ihn doch nie gesehen. Wäre ich doch um dieses eine Wort ärmer gewesen. Was nutzte mein Jammern. In der Tiefe meines Herzens hörte ich ein müdes Gähnen:

"*Wozu alles?*"

Wer narrte mich? Lebte ich einem zum Scherz? Ich schüttelte mich. Dunkel war's. Hatte ich den Mond nicht gesehen? Ich begriff es nicht. Ich suchte den Stein und grub ihn aus mit meinen Händen. Dafür kniete ich am Boden wie zum Gebet. Meine Hände staken im Boden. Ich fühlte nassen Boden und die Flächen des Steines. Oh, dieser Stein! Könnte ich ihn doch beschreiben! Ich suchte seine gefährlichen Kanten. Ich war enttäuscht. Wer mochte ihn geschliffen haben? Weich lag er dann in den Händen. Sollte ich ihn fortwerfen? In dieser Zeit kam mir der Gedanke, eine Uhr zerschlagen zu müssen. Schwer lag er. Ich hatte Mühe. Wer ist gekommen, um den Stein zu wiegen, nur zu wiegen?

Deutung

➢ Tagebucheintrag inspiriert.

Bringe ich mich zur Besinnung.

➢ Im Wörterbuch der deutschen Sprache von Bertelsmann (Wö. d. dt. Spr. v. Be.) hat „Besinnung" an erster Stelle die Bedeutung von „Bewusstsein" und an zweiter Stelle von „ruhige Überlegung, ruhiges Nachdenken, vernünftiges Denken".

Ich denke an den Stein auf dem Feld.

➢ „Schroffes Gestein, Felsgeröll und Klippen symbolisieren körperliche und geistig-seelische Festigkeit und Stärke, aber auch Härte, Kälte und Egoismus ..." (Günter Harnisch). – „In der Traumsprache ist das Feld meist als Betätigungsfeld zu sehen. Es symbolisiert ein Aufgaben- und Interessengebiet ..." (Günter Harnisch)

Ich ging hin, sah ihn liegen, diesen einen Stein. Wie fühlte ich ihn?

➢ Im Wö. d. dt. Spr. v. Be. hat „fühlen" an erster Stelle die Bedeutung von „mit dem Tastsinn wahrnehmen, körperlich spüren" und an zweiter Stelle von „seelisch empfinden".

Wie ein Ungeheuer war er. „Oh, Tod", dachte ich, „den du verstreust!"

> Im Wö. d. dt. Spr. v. Be. hat „verstreuen" die Bedeutung von „streuend verteilen, hierhin und dorthin streuen".

An diesem Nachmittag fehlte ich mir. An diesem Nachmittag fehlte die ganze Welt.

> Nämlich während der Zeit, in der ich, mir damals aber nicht bewusst, als Schreibmedium diesen Tagebucheintrag machte.

Halb verdeckt lag er in weiter Ebene.

> Nämlich der Stein. — „Der Blick auf eine Landschaft symbolisiert in der Sprache unserer Träume meist die Lebensperspektiven des Träumenden. Sie sind so beschaffen, wie sich ihm die Traumlandschaft präsentiert ..." (Günter Harnisch)

Ich sah die Sonne,

> „Etwas sehen" hat nach dem Wö. d. dt. Spr. v. Be. unter anderem die Bedeu-

tung von „erkennen, durchschauen". – „Die Sonne ist eines der positivsten Traumsymbole. Sie kennzeichnet im Traum stets produktive schöpferische Energie, die künstlerische Ideen oder Bewusstseinsprozesse in Gang bringt." (Günter Harnisch). – „Die positive (männliche) Kraft der Seele, Energiesymbol des Lebens, des Schöpferischen, des Befruchtenden, denn in den meisten Kulturen wird die Sonne als männlich angesehen. Wo sie im Traum aufgeht, da ist Erfolg in allen Lebensbereichen zu erwarten. Wo sie untergeht, mündet eine Glücksphase ins Alltägliche. Die leuchtende Kraft der Sonne erhellt unser Bewusstsein und macht uns für neue und gute Taten bereit ..." (Georg Fink). – „... Das leuchtendste und größte Energiesymbol ist die Sonne. Wo sie im Traum aufgeht, ist stärkste Wirkung, ist ein tätiger Morgen zu erwarten. Nur in den Wüstenträumen kann die sengende Glut dem Wanderer den

Tod bringen. Sonst aber ist sie die Bringerin des Lebens, des Schöpferischen, Befruchtenden. Sonnenuntergänge aber sind im Traum meist von negativer Bedeutung, eine Bewusstseinsphase geht zu Ende." (Ernst Aeppli). – „… Betrachten wir die Sonne (Orange) und die Erde (Blau), so finden wir in ihnen Urbild und Vorbild des Liebens. Das war auch der Inhalt der Sonnenreligion Altägyptens und wird auch die Religion des Wassermannzeitalters, des Evangeliums der Sonne sein." (Heinrich Elijah Benedikt)

dann den Mond.

➢ „Der Mond hat im Allgemeinen weibliche Symbolbedeutung. Er stellt seit alters her die kosmische Entsprechung der obersten weiblichen Gottheit dar. In vielen Sprachen ist er dem weiblichen Geschlecht zugeordnet (z.B. la lune im Französischen). Bekannt ist seine Beziehung zu Stimmungen und dem Monatszyklus der Frau." (Günter Harnisch)

Ich verbrachte die Nacht unter freiem Himmel,

> „Die Nacht stellt im Traum den gesamten Bereich des Unbewussten dar, der im Dunkeln liegt." (Günter Harnisch). – „Im Traum bedeutet der Himmel das Reich des Geistes, des hohen Gedankenfluges und den Ort, aus dem schöpferische Einfälle stammen ..." (Günter Harnisch)

dachte ich an den Stein – dachte an den Stein ...

Stein!

Stein dachte in dieser Nacht.

> Also ich als „Stein". –   – In meinen inspirierten Tagebuchtexten vergleiche ich uns Menschen bzw. werden wir Menschen des Öfteren mit Steinen verglichen, die ja wie wir körperlich aus Materie bestehen und die dazu im übertragenen Sinn Aspekte unseres seelisch-geistigen Verhaltens darstellen.

Und er lag im Feld.

> „In der Traumsprache ist das Feld meist als Betätigungsfeld zu sehen. Es

symbolisiert ein Aufgaben- und Interessengebiet ..." (Günter Harnisch)

Unter ihm die große Erde,

> Im Wö. d. dt. Spr. v. Be. hat „groß" an erster Stelle die Bedeutung von „umfangreich, ziemlich ausgedehnt, lang und/oder breit, ziemlich hoch". — „Im Schoß der Erde liegt die Saat. Sie reift zu neuem Leben heran. Dementsprechend weist Erde als Traumsymbol meist auf Körperlichkeit, Fruchtbarkeit, Mütterlichkeit und Nähren hin ..." (Günter Harnisch)

über ihm ein Himmel,

> Im Wö. d. dt. Spr. v. Be. hat „Himmel" an erster Stelle die Bedeutung von „Luftraum über der Erde, der als Halbkugel wahrgenommen wird".

über ihm lauter rote Ringe. —

> „Die Farbe Rot drückt Leidenschaft, Sinnlichkeit, Feuer und gesteigerte Vitalität aus ..." (Günter Harnisch). — Im Wö. d. dt. Spr. v. Be. hat „Ring" an zweiter Stelle die Bedeutung von „am

Finger getragenes Schmuckstück (Ehe-ring)" und an siebenter Stelle von „Gruppe von Personen, die das gleiche Ziel verfolgen".

Ich habe seine Ecken nicht gezählt.

> „Jemand mit Ecken und Kanten" ist nach dem Redensarten-Index „jemand mit unangenehmen charakterlichen Eigenarten; ein Mensch, dessen Verhalten nicht den Erwartungen entspricht; ein streitbarer/eigenwilliger Mensch; jemand, der nicht leicht im Umgang, aber ehrlich ist".

Mit welchen Händen sollte ich das tun?

> Nämlich als „Stein". – „Die Hand ist das körperliche Instrument des menschlichen Handelns. Dementsprechend sind alle Träume zu deuten, in denen die Hand eine Rolle spielt ..." (Günter Harnisch)

Die Kälte schadete meinen Fingern.

> Im Wö. d. dt. Spr. v. Be. hat „Kälte" an zweiter Stelle (im übertragenen Sinn) die Bedeutung von „Mangel an (innerer)

Wärme, Gefühl, an Menschlichkeit".– „Die Finger weisen meist auf Geschicklichkeit und einfache Gemütsregungen hin ..." (Günter Harnisch)

Und wusste ich, ob nicht tückische Ecken mir das Fleisch von den Knochen rissen?!

➢ Zu „Fleisch" schreibt Günter Harnisch unter anderem: „Dieses Symbol bezieht sich fast immer auf körperliche, meist sexuelle Energien und Bedürfnisse ..." – Und bezüglich „Knochen" heißt es beim gleichen Autor: „Dieses Traumbild gibt Hinweis auf Erfahrungen, Anschauungen, Verhaltensweisen und Wesenszüge, die sich im Laufe des Lebens entwickelt haben und das „Gerüst" der Persönlichkeit bilden ..."

Aber wie sollte ich mich dem Stein nähern? Hätte ich ihn doch nie gesehen. Wäre ich doch um dieses eine Wort ärmer gewesen. Was nutzte mein Jammern. In der Tiefe meines Herzens hörte ich ein müdes Gähnen:

➢ Im Wö. d. dt. Spr. v. Be. hat „Tiefe" an dritter Stelle die Bedeutung von „Innerstes", zum Beispiel „aus der Tiefe seines Herzens". — „Das Herz ist das Symbol für körperliche Lebensenergie, aber auch für Liebe, für Gefühlsfähigkeit. Nach der Symbolik des Mittelalters war das Herz das Bild der Sonne im Menschen. Auch dieses Bild weist deutlich auf die Bedeutung dieses Organs für die Versorgung mit Lebensenergie hin ..." (Günter Harnisch). — Zu „gähnen" heißt es im oben genannten Wörterbuch an erster Stelle: „den Mund weit öffnen und die Luft tief ein- und ausatmen", zum Beispiel „er gähnte vor Müdigkeit, vor Langeweile".

„Wozu alles?"

Wer narrte mich?

➢ Im Wö. d. dt. Spr. v. Be. hat „narren" an erster Stelle die Bedeutung von „veralbern, zum Besten haben".

Lebte ich einem zum Scherz?

➢ „Etwas aus, zum Scherz sagen, tun; etwas im Scherz sagen, tun" bedeutet

nach dem Wö. d. dt. Spr. v. Be. „etwas
nicht Ernstzunehmendes sagen, tun".

Ich schüttelte mich.

> ➢ Synonyme für „sich schütteln" sind
> nach dem Duden unter anderem „Ab-
> scheu/Ekel empfinden, sich ekeln,
> schaudern [machen], zuwider sein".

Dunkel war's.

> ➢ „Was im Dunkel liegt, kann man nicht
> durchschauen und nicht begreifen. Da-
> mit sind Gedanken, Gefühle und Hand-
> lungen gemeint ..." (Günter Harnisch)

Hatte ich den Mond nicht gesehen?

> ➢ Bezüglich der symbolischen Bedeutung
> des Mondes siehe oben.

Ich begriff es nicht. Ich suchte den Stein und grub
ihn aus mit meinen Händen.

> ➢ „Die Hand ist das körperliche Instru-
> ment des menschlichen Handelns. Dem-
> entsprechend sind alle Träume zu deu-
> ten, in denen die Hand eine Rolle spielt
> ..." (Günter Harnisch)

Dafür kniete ich am Boden wie zum Gebet.

> Im Wö. d. dt. Spr. v. Be. wird „Gebet" definiert als „Ruf, Bitte an Gott, Dank an Gott"."

Meine Hände staken im Boden.

> Im Wö. d. dt. Spr. v. Be. hat „stecken" an erster Stelle die Bedeutung von „sich fest an einer Stelle befinden". — Synonyme für Boden sind nach dem Duden unter anderem „Erdreich, Erdboden, Erde".

Ich fühlte nassen Boden

> „Das Wasser symbolisiert im Traum unbewusste seelische Energie ..." (Günter Harnisch)."

und die Flächen des Steines. Oh, dieser Stein! Könnte ich ihn doch beschreiben! Ich suchte seine gefährlichen Kanten. Ich war enttäuscht. Wer mochte ihn geschliffen haben? Weich lag er dann in den Händen. Sollte ich ihn fortwerfen? In dieser Zeit kam mir der Gedanke, eine Uhr zerschlagen zu müssen.

> „Die Uhr als Traumbild mahnt an die verrinnende Zeit. Gemeint sein kann die Lebensuhr ..." (Günter Harnisch). Im Textzusammenhang frei übersetzt: In

dieser Zeit kam mir der Gedanke, mein
Leben zu beenden.

Schwer lag er. Ich hatte Mühe.

➢ *Ich hatte Mühe, ihn zu halten*

.Wer ist gekommen, um den Stein zu wiegen, nur
zu wiegen?

19. September 1962, Mittwoch

Für was schreibst du? In dem Raum, den du zwischen dir und dem Ding geschaffen hast, vollzieht sich wiederum die Welt. Du löst dich nicht. Der Glaube an die Freiheit ist Einfalt. Was reden die Menschen? Gefangenschaft ist für sie eine Kette, ein Stacheldraht. Hunger ist ein Gefühl, das zum Essen drängt. Der Keller ist unter dem Erdgeschoss und die Klingel hat ihren Strom vom Transformator.

Ein Gerenne geht durch die Welt, das die Erde zum Bersten bringt. Ich denke dann oft an die Maschinen, die mit ihrer Arbeit verschleißen, an ein Wasser, das von einem Gefälle getrieben tiefer geht, an einen Stein im Feld, der dort liegt, ganz ruhig liegt. Masken sehe ich durch die Welt jagen, ausdruckslos und doch bewegt, naiv bewegt.

Ich spreche mit mir. Meine Stimme redet mit dem Abend. Sie redet pausenlos auf mich ein, sie beschwört mich. Meine Ohren sind taub. Wäre ich fern!! Ich tanze, ich warte, ich hasse. Ich greife. Meine Hand, gehoben vom Wind, greift in das Unerkennbare. Meine Augen sind blind. Mein Herz hasst die Welt, mein Herz liebt sie. Sie liebt mich.

Aufgliederung des Textes

Für was schreibst du? In dem Raum, den du zwischen dir und dem Ding geschaffen hast, vollzieht sich wiederum die Welt! Du löst dich nicht!

Der Glaube an die Freiheit ist Einfalt?

Was reden die Menschen?

Gefangenschaft ist für sie eine Kette, ein Stacheldraht. Hunger ist ein Gefühl, das zum Essen drängt. Der Keller ist unter dem Erdgeschoss, und die Klingel hat ihren Strom vom Transformator. Ein Gerenne geht durch die Welt, das die Erde zum Bersten bringt. Ich denke dann oft an die Maschinen, die mit ihrer Arbeit verschleißen, an ein Wasser, das von einem Gefälle getrieben tiefer geht, an einen Stein im Feld, der dort liegt, ganz ruhig liegt. Masken sehe ich durch die Welt jagen, ausdruckslos und doch bewegt, naiv bewegt.
Ich spreche mit mir. Meine Stimme redet mit dem Abend. Sie redet pausenlos auf mich ein, sie beschwört mich. Meine Ohren sind taub. Wäre ich fern!! Ich tanze, ich warte, ich hasse, ich greife. Meine Hand, gehoben vom Wind, greift in das Unerkennbare. Meine Augen sind blind. Mein Herz hasst die Welt, mein Herz liebt sie. Sie liebt mich.

<u>Deutung</u>

➢ Tagebucheintrag inspiriert.

Für was schreibst du?

➢ Wohl zurückkommend auf das Ende meines Tagebucheintrags vom 17. September.

In dem Raum, den du zwischen dir und dem Ding geschaffen hast, vollzieht sich wiederum die Welt! Du löst dich nicht!

Der Glaube an die Freiheit ist Einfalt?

Was reden die Menschen?

➢ Nach dem Wörterbuch der deutschen Sprache von Bertelsmann (Wö. d. dt. Spr. v. Be.) hat „reden" die Bedeutung von „etwas zum Ausdruck bringen, sich ausdrücken, sprechen".

Gefangenschaft ist für sie eine Kette, ein Stacheldraht.

➢ Wohl zu verstehen im Sinne von: Sie fühlen sich gefangen, wenn sie angekettet sind oder wenn sie sich hinter Stacheldraht befinden.

Hunger ist ein Gefühl, das zum Essen drängt. Der Keller ist unter dem Erdgeschoss, und die Klingel hat ihren Strom vom Transformator.

> ➤ *Das heißt, bei der Erklärung ihrer Welt begnügen sie sich mit dem Nächstliegenden.*

Ein Gerenne geht durch die Welt, das die Erde zum Bersten bringt. Ich denke dann oft an die Maschinen, die mit ihrer Arbeit verschleißen,

> ➤ *Im Wö. d. dt. Spr. v. Be. wird „Maschine" an erster Stelle definiert als „Gerät, das Arbeitsgänge selbsttätig verrichtet".*

an ein Wasser, das von einem Gefälle getrieben tiefer geht,

> ➤ *„Das Wasser symbolisiert im Traum unbewusste seelische Energie ..." (Günter Harnisch)*

an einen Stein im Feld, der dort liegt, ganz ruhig liegt.

> ➤ *Zurückkommend auf meinen Tagebucheintrag vom 17. September. – „Schroffes Gestein, Felsgeröll und Klippen symbolisieren körperlich und geistig-seelische Festigkeit und Stärke, aber auch Härte, Kälte und Egoismus ..." (Günter Harnisch). – In meinen inspi-*

rierten Tagebuchtexten vergleiche ich
uns Menschen bzw. werden wir Menschen des Öfteren mit Steinen vergli-
chen, die ja wie wir körperlich aus Materie bestehen und die dazu im übertragenen Sinn Aspekte unseres seelisch-
geistigen Verhaltens darstellen. – „In
der Traumsprache ist das Feld meist als
Betätigungsfeld zu sehen. Es symbolisiert ein Aufgaben- und Interessengebiet ..." (Günter Harnisch)

Masken sehe ich durch die Welt jagen, ausdruckslos und doch bewegt, naiv bewegt.

> Im Wö. d. dt. Spr. v. Be. hat „Maske"
an achter Stelle (im übertragenen Sinn)
die Bedeutung von „trügerischer Schein,
Verstellung". – Im gleichen Wörterbuch
hat „naiv" an erster Stelle die Bedeutung von „kindlich, einfältig, treuher-
zig".

Ich spreche mit mir.

> Wohl mit einem Bezug zum Anfang des
Tagebucheintrags.

Meine Stimme redet mit dem Abend.

➤ „... Der Abend im Traum kann auch einen Hinweis auf den Lebensabend ent-
halten." (Günter Harnisch)

Sie redet pausenlos auf mich ein,

➤ „Auf jemanden einreden" bedeutet
nach dem Wö. d. dt. Spr. v. Be. „lange
und eindringlich zu jemandem reden".

sie beschwört mich.

➤ „Jemanden beschwören" hat im Wö. d.
dt. Spr. v. Be. an zweiter Stelle die Bedeutung von „dringend bitten, flehent-
lich bitten".

Meine Ohren sind taub.

➤ „Erlebt man im Traum Bilder von aufmerksam lauschenden Ohren, ohne
gleichzeitig Geräusche zu hören, so deutet dies auf eine intensive Beschäftigung
mit der eigenen Person hin. Der Träumende horcht in sich hinein und denkt
über seine innerpsychischen Vorgänge
nach ..." (Günter Harnisch)

Wäre ich fern!!

➤ Wäre ich doch fern davon!

Ich tanze, ich warte, ich hasse, ich greife.

> Nämlich innerhalb dessen, was ich ins Tagebuch schreibe. – „Der Tanz ist eine sehr alte Körpersprache des Menschen. Bei den Naturvölkern wurden und werden noch heute alle wichtigen Lebenssituationen im rituellen Tanz modellhaft durchgespielt: die Einweihung der jungen Mädchen und Männer in den Zustand des Erwachsenseins beispielsweise. Eine vergleichbare Bedeutung hat der Tanz als Traumgeschehen ...“ (Günter Harnisch)

Meine Hand,

> Nämlich meine automatisch schreibende Hand (mir damals aber nicht bewusst)

gehoben vom Wind, greift in das Unerkennbare.

> „... Oft ist der Wind Hinweis auf starke geistige Energien ...“ (Günter Harnisch). – In meinen inspirierten Tagebucheintragungen symbolisiert der Wind meist den Gedankenaustausch im Rahmen einer Inspiration bzw. des automatischen Schreibens.

Meine Augen sind blind.

➤ „Im Volksmund bezeichnet man die Augen als den Spiegel der Seele. Das Auge hat im Traum die Symbolbedeutung eines Bewusstseinsorgans. Eine Behinderung der Sehfähigkeit informiert beispielsweise darüber, dass der Träumende ein bestimmtes Problem oder auch die Problematik seiner Lebensführung insgesamt nicht richtig sieht." (Günter Harnisch). Übersetzt: Ich erkenne diesen Vorgang nicht. Ich selbst bin mir dieses Vorganges nicht bewusst.

Mein Herz hasst die Welt, mein Herz liebt sie. Sie liebt mich.

20. September 1962, Donnerstag

Kennst du den Baum? Hast du ihn am Himmel gesehen? Hast du die Blume neben ihm gesehen? Die Vögel sitzen auf der Wiese. Liebst du den Baum? Liebst du alle seine Teile? Hast du die Vögel neben ihm gesehen? Hast du die Luft gespürt? Klopfte dein Herz? Was dachtest du?

Ich denke nicht. Ich betrachte mir meine Welt, ich fühle mein Leben, ich bewundere den Augenblick. Ich versuche zu verstehen.

Was liegt zwischen mir und dem Jetzt? Werde ich es brechen? Ich verlasse ein großes Glück, ich verlasse die Wiese, den Baum, die Vögel. Ich kehre zu ihnen zurück. Ich kehre ins Wasser zurück. Ich fliege, ich krieche am Boden wie ein Nebel. Der Nebel kriecht am Boden.

Frage mich nicht. Ich stehe am Anfang. Wie ein lahmes Tier am Boden, wie ein Nebel, nasser Nebel im Morgen, nasses Blut, nasser Ekel. Alle Meere der Welt müssten voll Blut sein. Alle Flüsse müssten im Puls Blut zum Meer treiben, alle Regen müssten rot sein, und die Wolke eine blutige Wand am Himmel. [Ich weiß nicht. Ich finde keinen Weg. Was ist nur wahr?! Gibt es keinen Halt?! Fühlt jede Hand ins Leere? Stößt dich die Hand zurück wie der Wind.]

Ich stehe auf, schreite mit steifen Beinen an die Wand mir gegenüber. Dort ist ein Fenster zwei

Meter über dem Boden, mit Glas und Licht, das hindurchfällt. Dieses Licht kommt in den Raum, in dem ich stehe am Fenster. Der Raum ist am Mittag gebaut.

<u>Aufgliederung des Textes</u>

Kennst du den Baum? Hast du ihn am Himmel gesehen? Hast du die Blume neben ihm gesehen? Die Vögel sitzen auf der Wiese! Liebst du den Baum? Liebst du alle seine Teile? Hast du die Vögel neben ihm gesehen? Hast du die Luft gespürt? Klopfte dein Herz? Was dachtest du?

Ich denke nicht. Ich betrachte mir meine Welt, ich fühle mein Leben, ich bewundere den Augenblick. Ich versuche zu verstehen. Was liegt zwischen mir und dem Jetzt? Werde ich es brechen? Ich verlasse ein großes Glück, ich verlasse die Wiese, den Baum, die Vögel. Ich kehre zu ihnen zurück, ich kehre ins Wasser zurück. Ich fliege, ich krieche am Boden wie ein Nebel.

Der Nebel kriecht am Boden?

Frage mich nicht. Ich stehe am Anfang. Wie ein lahmes Tier am Boden, wie ein Nebel, nasser Nebel im Morgen, nasses Blut, nasser Ekel. Alle

Meere der Welt müssten voll Blut sein. Alle Flüsse müssten im Puls Blut zum Meer treiben, alle Regen müssten rot sein, und die Wolke eine blutige Wand am Himmel. – [Ich weiß nicht. Ich finde keinen Weg. Was ist nur wahr!! Gibt es keinen Halt!!

Fühlt jede Hand ins Leere, stößt dich die Hand zurück wie der Wind!]

Ich stehe auf, schreite mit steifen Beinen an die Wand mir gegenüber. Dort ist ein Fenster, zwei Meter über dem Boden, mit Glas und Licht, das hindurchfällt. Dieses Licht kommt in den Raum, in dem ich stehe am Fenster. Der Raum ist am Mittag gebaut.

Deutung
> Tagebucheintrag inspiriert.

Kennst du den Baum?
> „Etwas kennen" hat im Wörterbuch der deutschen Sprache von Bertelsmann (Wö. d. dt. Spr. v. Be.) unter anderem die Bedeutung von „Bescheid in etwas wissen, bewandert in etwas sein".

– „Der Baum ist ein archetypisches Symbol des Lebens, wie es sich in den Begriffen Lebensbaum und Stammbaum niederschlägt. Als Traumsymbol deutet der Baum meist auf die persönliche Entwicklung und das Wachstum des Träumenden hin ..." (Günter Harnisch)

Hast du ihn am Himmel gesehen?

➢ Im Textzusammenhang wohl zu verstehen als Hinweis auf seine Wachstumsrichtung. – Im Wö. d. dt. Spr. v. Be. hat „Himmel" an erster Stelle die Bedeutung von „Luftraum über der Erde, der als Halbkugel wahrgenommen wird" und an zweiter Stelle von „Aufenthalt Gottes oder der Götter sowie (nach christlicher Lehre) der Seligen, Paradies". – – „Im Traum bedeutet der Himmel das Reich des Geistes, des hohen Gedankenfluges und den Ort, aus dem schöpferische Einfälle stammen ..." (Günter Harnisch). – „Etwas sehen" hat nach dem gleichen Wörterbuch unter anderem die Bedeutung von „erkennen, durchschauen".

Hast du die Blume neben ihm gesehen?

➢ „Blumen und Blüten sind allgemein als Symbolbilder für den Gefühlsbereich zu verstehen. [...] Blumen und Blüten haben im Traum fast immer eine positive Bedeutung. Der Vergleich zwischen dem Lebenslauf des Menschen und dem Werden und Vergehen der Pflanzen liegt nahe. Das Wachsen, Knospen, Blühen, Verwelken der Blumen ist in der Sprache unserer Träume meist auf das menschliche Leben übertragbar." (Günter Harnisch)

Die Vögel sitzen auf der Wiese!

➢ „Im Traum symbolisieren Vögel meist geistige Inhalte des Unbewussten. Gelegentlich stellen sie auch die im Volksmund bekannte erotische Nebenbedeutung dar." (Günter Harnisch). – „Eine grüne Wiese im Traum ist ein positives Signal. Sie symbolisiert neues Wachstum, Werden und Fortschritt, aber noch nicht Reife." (Günter Harnisch)

Liebst du den Baum? Liebst du alle seine Teile? Hast du die Vögel neben ihm gesehen? Hast du die Luft gespürt?

➢ Zu Luft schreibt Günter Harnisch unter anderem: „Sie gilt als Symbol für schöpferisches Denken und die Kräfte der Fantasie ..." – „... Von jeher ist nun die Luft als das Medium des Geistes empfunden worden ..." (Ernst Aeppli)

Klopfte dein Herz?

➢ „Das Herz ist das Symbol für körperliche Lebensenergie, aber auch für Liebe, für Gefühlsfähigkeit. Nach der Symbolik des Mittelalters war das Herz das Bild der Sonne im Menschen. Auch dieses Bild weist deutlich auf die Bedeutung dieses Organs für die Versorgung mit Lebensenergie hin ..." (Günter Harnisch)

Was dachtest du?

Ich denke nicht.

➢ Infolge meiner damaligen Wissenschaftsgläubigkeit dachte ich, dass unser

gesamtes Denken, Reden und Handeln
auf Reaktionsabläufen in unserem
Zentralnervensystem beruhe. Das nahm
mir die Lust am Denken, und ich
schrieb ins Tagebuch meist nur das, was
mir gerade einfiel.

Ich betrachte mir meine Welt, ich fühle mein Leben, ich bewundere den Augenblick. Ich versuche zu verstehen. Was liegt zwischen mir und dem Jetzt?

> ➢ *Im Wö. d. dt. Spr. v. Be. wird „Jetzt"*
> *definiert als „Gegenwart".*

Werde ich es brechen?

> ➢ *Nämlich das, was zwischen mir und*
> *dem Jetzt liegt. — Synonyme für „bre-*
> *chen" sind nach dem Duden unter an-*
> *derem „aufbrechen, [auf]lösen".*

Ich verlasse ein großes Glück, ich verlasse die Wiese, den Baum, die Vögel. Ich kehre zu ihnen zurück, ich kehre ins Wasser zurück.

> ➢ *„Das Wasser symbolisiert im Traum un-*
> *bewusste seelische Energie. Es entspricht*
> *in etwa dem volkstümlichen Begriff Le-*
> *benswasser. Nach den Ergebnissen der*
> *modernen Wissenschaft wie in fast allen*

173

mythologischen Schöpfungserzählungen hat alles Leben seinen Ursprung im Wasser." (Günter Harnisch)

Ich fliege, ich krieche am Boden wie ein Nebel.

> Im Wö. d. dt. Spr. v. Be. wird Nebel an erster Stelle definiert als eine „(dem Erdboden aufliegende oder dicht über dem Erdboden liegende) Wolke aus kleinen Wassertröpfchen oder Eisteilchen, die durch Kondensation von Wasserdampf entstanden ist".

Der Nebel kriecht am Boden?

> Denn „Wie der Nebel in der Wirklichkeit genaues Erkennen und Orientierung verhindert, so gilt er auch in der Traumsprache als Symbol für Ungewissheit, Zweifel, Unsicherheit und Sinnestäuschung." (Günter Harnisch)

Frage mich nicht. Ich stehe am Anfang. Wie ein lahmes Tier am Boden,

> „Tiere verkörpern im Traum die Naturseite des Menschen. Sie vertreten

gleichsam die Instinkte und Ahnungen
…" (Günter Harnisch)

wie ein Nebel, nasser Nebel im Morgen,

> Im Wö. d. dt. Spr. v. Be. hat „nass" an
erster Stelle die Bedeutung von „mit
Wasser durchtränkt oder bedeckt". —
„Der Morgen, die Morgendämmerung,
die Morgenröte, der Sonnenaufgang —
diese Zeitangaben im Traum haben positive Bedeutung. Etwas Wesentliches
rückt in das Bewusstsein des Träumenden." (Günter Harnisch)

nasses Blut,

> „Blut symbolisiert Lebenskraft, Liebe
und Leidenschaft …" (Günter Harnisch)

nasser Ekel.

> Nämlich aus wissenschaftsgläubiger bzw.
materialistischer Sicht

Alle Meere der Welt müssten voll Blut sein.

> Wohl um ein „nasses Blut" auszuschlie-
ßen.

Alle Flüsse müssten im Puls Blut zum Meer treiben, alle Regen müssten rot sein,

> „Alle Regen" müssten also aus Blut be-
stehen. — „Die Farbe Rot drückt Lei-

denschaft, Sinnlichkeit, Feuer und gesteigerte Vitalität aus ..." (Günter Harnisch)

und die Wolke eine blutige Wand am Himmel. –

> Zu ,,Wolken" schreibt Günter Harnisch: ,,Dieses Traumbild gibt Hinweis auf die gegenwärtige Stimmungslage des Träumenden. Weiße Wolken an einem blauen Himmel deuten auf Heiterkeit und Optimismus. Dunkle Regenwolken symbolisieren eine pessimistische oder depressive Stimmung. Brauen sich Gewitterwolken zusammen, so stehen heftige Gefühlsausbrüche bevor."

[Ich weiß nicht. Ich finde keinen Weg. Was ist nur wahr!! Gibt es keinen Halt!!

> Diese Textstelle einschließlich des nachfolgenden Satzes ist im Tagebuch in eckige Klammern gesetzt. Anstelle der doppelten Ausrufezeichen befinden sich im Tagebuch Ausrufezeichen in Form von kleinen, senkrecht gestellten Rechtecken mit jeweils einem kleinen Kreis darunter.

Fühlt jede Hand ins Leere, stößt dich die Hand zurück wie der Wind!]

➤ Wohl zu verstehen im Sinne von: Wenn du glaubst, dass deine Hand ins Leere greift, stößt dich deine Hand zurück wie der Wind, wenn du im Auto fährst und deine Hand zum Fenster hinaushältst. – „Die Hand ist das körperliche Instrument des menschlichen Handelns. Dementsprechend sind alle Träume zu deuten, in denen die Hand eine Rolle spielt ...“ (Günter Harnisch). – Zu „Wind“ heißt es beim gleichen Autor unter anderem: „... Oft ist der Wind Hinweis auf starke geistige Energien ...“

Ich stehe auf, schreite mit steifen Beinen an die Wand mir gegenüber. Dort ist ein Fenster, zwei Meter über dem Boden,

➤ Zur Zeit dieses Tagebucheintrags befand ich mich wohl während der Semesterferien als Hilfspfleger im Wachraum einer Klinik.

mit Glas und Licht, das hindurchfällt.

> „…Glasfenster symbolisieren den Aus-
> blick auf etwas Neues …" (Günter Har-
> nisch). – „Licht in etwas bringen" be-
> deutet nach dem Wö. d. dt. Spr. v. Be.
> „eine Sache aufklären".

Dieses Licht kommt in den Raum, in dem ich stehe am Fenster.

> Zu „Fenster" schreibt „Der Traumdeu-
> ter.ch" unter anderem „<u>Psychologisch</u>:
> Der Träumende nimmt nicht direkt am
> Geschehen des Lebens teil, er befindet
> sich eher in der Rolle des Beobachters
> …"

Der Raum ist am Mittag gebaut.

> „Die Mittagsstunde ist ein Orientie-
> rungshinweis für die Traumsituation.
> Sie ist die Zeit, in der die Sonne ihren
> Höchststand erreicht. Damit kann ge-
> meint sein, dass sich die Traumproble-
> matik stark dem Bewusstsein nähert …"
> (Günter Harnisch)

21. September 1962, Freitag

Mir ging es heute schlecht. In den letzten Nächten wild geträumt. Die Gedanken lassen mich nicht frei. Ein Paradoxon: Am Tag unwillkürlich abgelenkt von der Arbeit oder anderen Dingen. Dann plötzlich das schlechte Gewissen, die Vorstellung, dass Zeit nutzlos verstreicht. Kostbare Zeit, die ich nötig brauche. Ich versuche, an irgendeinem Problem weiterzukommen. Es sind dann viele Ideen da, die aber meist hypothetisch sind. Mit dem Problem der Materie komme ich kaum vorwärts. Ich versuche noch, durch mehr Auflösung der begrifflichen Welt näheren Kontakt zur Sache zu bekommen. Ich habe das schon einmal geschrieben, dass wir uns in Vorstellungen bewegen, die manchmal lächerlich leer sind. Die nur als reine Reflexe zu werten sind. Das ist übrigens ein Weg, etwas klarer zu sehen, nämlich die Analyse der menschlichen Sinne und der Qualitäten der Sinneseindrücke. Da wird man zum Beispiel erkennen müssen, dass ein Gegenstand gar nicht so ist, wie er erscheint. Man sieht einen Baum. Das ist nur dadurch möglich, dass von ihm reflektierte oder nicht reflektierte Lichtwellen in eine Beziehung zum Lichtsinnesorgan treten. Dass also der Baum in seiner Erscheinungsform nicht konstant ist, dass er die augenblickliche Summe vieler wieder für sich zu nehmender Faktoren ist. Er ist relativ, variabel. Nur unter natürlichen Bedingungen herrscht eine Form vor, die sich dann durch ewige Wiederholung uns als Baum eingeprägt hat. Bemerkt sei, dass nicht nur der Baum das Ergebnis vieler Faktoren ist, sondern wir selbst auch, sodass von hier ebenso variierend eingegriffen werden kann. Wenn man das verallgemeinert, und das muss man, wird man mit Recht erhebliche Zweifel an dem Wert unserer Welt haben dürfen. Das sagt nicht, dass die Welt an Wert verliere. Es führt lediglich zu einer Umordnung, zu einer Einordnung nach kausalen Gesetzen.

Aufgliederung des Textes

Mir ging es heute schlecht. In den letzten Nächten wild geträumt. Die Gedanken lassen mich nicht frei. Ein Paradoxon: Am Tag unwillkürlich abgelenkt von der Arbeit oder anderen Dingen. Dann plötzlich das schlechte Gewissen, die Vorstellung, dass Zeit nutzlos verstreicht, kostbare Zeit, die ich nötig brauche. Ich versuche, mit irgendeinem Problem weiterzukommen. Es sind dann viele Ideen da, die aber meist hypothetisch sind. Mit dem Problem der Materie komme ich kaum vorwärts. Ich versuche noch, durch mehr Auflösung der begrifflichen Welt näheren Kontakt zur Sache zu bekommen. Ich habe das schon einmal geschrieben, dass wir uns in Vorstellungen bewegen, die manchmal lächerlich leer sind, die nur als reine Reflexe zu werten sind.

Das ist übrigens ein Weg, etwas klarer zu sehen, nämlich die Analyse der menschlichen Sinne und der Qualitäten der Sinneseindrücke! Da wird man zum Beispiel erkennen müssen, dass ein Gegenstand gar nicht so ist, wie er erscheint!

Man sieht einen Baum. Das ist nur dadurch möglich, dass von ihm reflektierte oder nicht reflektierte Lichtwellen in eine Beziehung zum Lichtsinnesorgan treten. Dass also der Baum in seiner Erscheinungsform nicht konstant ist, dass er die augenblickliche Summe vieler wieder für sich zu nehmenden Faktoren ist. Er ist relativ, variabel. Nur unter natürlichen Bedingungen herrscht eine Form vor, die sich dann durch ewige Wiederholung uns als Baum eingeprägt hat.

Bemerkt sei, dass nicht nur der Baum das Ergebnis vieler Faktoren ist, sondern wir selbst auch, sodass von hier ebenso variierend eingegriffen werden kann. Wenn man das verallgemeinert, und das muss man, wird man mit Recht erhebliche Zweifel an dem Wert unserer Welt haben dürfen.

Das sagt nicht, dass die Welt an Wert verliere! Es führt lediglich zu einer Umordnung, zu einer Einordnung nach kausalen Gesetzen!

Deutung

➢ *Das fett Geschriebene ist meines Erachtens inspiriert.*

Mir ging es heute schlecht. In den letzten Nächten wild geträumt. Die Gedanken lassen mich nicht frei. Ein Paradoxon: Am Tag unwillkürlich abgelenkt von der Arbeit oder anderen Dingen. Dann plötzlich das schlechte Gewissen, die Vorstellung, dass Zeit nutzlos verstreicht, kostbare Zeit, die ich nötig brauche. Ich versuche, mit irgendeinem Problem weiterzukommen. Es sind dann viele Ideen da, die aber meist hypothetisch sind. Mit dem Problem der Materie komme ich kaum vorwärts. Ich versuche noch, durch mehr Auflösung der begrifflichen Welt näheren Kontakt zur Sache zu bekommen.

➢ *Im Wörterbuch der deutschen Sprache von Bertelsmann hat „Sache" an erster Stelle die Bedeutung von „nicht genau bestimmter Gegenstand, Ding" und an zweiter Stelle von „nicht genau be-stimmte Angelegenheit".*

Ich habe das schon einmal geschrieben, dass wir uns in Vorstellungen bewegen, die manchmal lächerlich leer sind, die nur als reine Reflexe zu werten sind.

Das ist übrigens ein Weg, etwas klarer zu sehen, nämlich die Analyse der menschlichen Sinne und der Qualitäten der Sinneseindrücke! Da wird man zum Beispiel erkennen müssen, dass ein Gegenstand gar nicht so ist, wie er erscheint!

Man sieht einen Baum. Das ist nur dadurch möglich, dass von ihm reflektierte oder nicht reflektierte Lichtwellen in eine Beziehung zum Lichtsinnesorgan treten. Dass also der Baum in seiner Erscheinungsform nicht konstant ist, dass er die augenblickliche Summe vieler wieder für sich zu nehmenden Faktoren ist. Er ist relativ, variabel. Nur unter natürlichen Bedingungen herrscht eine Form vor, die sich dann durch ewige Wiederholung uns als Baum eingeprägt hat.

Bemerkt sei, dass nicht nur der Baum das Ergebnis vieler Faktoren ist, sondern wir selbst auch, sodass von hier ebenso variierend eingegriffen werden kann. Wenn man das verallgemeinert, und das muss man, wird man mit Recht erhebliche Zweifel an dem Wert unserer Welt haben dürfen.

Das sagt nicht, dass die Welt an Wert verliere! Es führt lediglich zu einer Umordnung, zu einer Einordnung nach kausalen Gesetzen!

23. September 1962

Ich habe heute geweint. Als ich heute Morgen aus Düsseldorf kam, war ich böse und entschlossen, G. zu vergessen. Sie hat sich gegen früher kaum geändert. Ich verstehe sie nicht. Es waren traurige Stunden dort, die nur aufregten und zu nichts führten.

Dann habe ich den ganzen Tag an sie gedacht und sie liebgehabt. Ich konnte fast keinen anderen Gedanken fassen. Mühsam quälte ich mich durch meine Anatomie. Ich wollte sie anrufen und sie fragen, was sie tue. Ich habe geglaubt, dass ich sie nicht mehr so lieben könnte wie früher. Aber es ist beinahe schlimmer. Vielleicht darum, dass ich jetzt eine ganz andere Einstellung zum Leben besitze. Ich habe ihr gesagt, dass ich Kinder haben möchte. Dieser Gedanke macht mich ganz verrückt. Es ist die Natur, die jetzt mit Gewalt zu ihrem Recht will.

—

Groß ist die Kugel. Sie bewegt sich auf einer blanken Fläche. Sie ist auf einer blanken Fläche. Meine Augen sind müde. Sie haben die Kugel gemessen und dann die Fläche. Zauberer waren hier: Ich sehe sie noch, ihre Gesichter, ihre Augen, die Hände. Sie zogen durch das Land und schufen wunderliche Dinge, die uns erstaunen, vor welchen wir stehen ohne Verstand. Zauberer. Der Stab kreist durch die Luft und beschreibt Figuren mit verschiedener Stärke.

Fühle die Kugel, deren geometrische Abmessung dir rätselhaft ist. In einem Land lebt sie, sie liegt im Meer, sie ist überall zu Hause. Sie folgt und verfolgt auf blanker Fläche, sie ist düster, sie ist schwarz, sie ist voll Trauer.

Fürchtest du sie? Wie du sie siehst, ist sie ein Ungeheuer, im Punkt der vielen Punkte ist sie unendlich. Sie ist wie der Sand am Meer oder wie die Sonne. Sonne und Kugel sind eins. Liebst du die Sonne? Was liebst du? Du fürchtest die Kugel? Fürchtest du die Sonne? Wann hast du dich gesehen? Sie rufen dich. Ich antworte: — Ich liebe die Kugel und die Sonne im Sand, und ich liebe den Abend als den Beginn des Tages und die Tiere, die dann erwachen. — Dann bin ich wieder allein. Ich überlege, ob ich mich einsam fühle. Es ist still. Die Kugel bewegt sich. Ich sehe das an der Fläche, die sich bewegt. Unter meinen Füßen ist Erde. Ich habe beide Hände in meinen Taschen und starre in den Himmel. Dort finde ich die Kugel in einer Wolke mit blanker Fläche. Ich wünsche Licht. Ob meine Hände zittern, wenn ich die Kerze anzünde? Die Flamme leuchtet weit. Ich stehe dort im Abend, und meine Kerze leuchtet weit. Ich sehe einen Engel. Ich denke an einen Engel in schwarzer Nacht, an die Kugel auf blanker Fläche. Ich denke an den Abstand. Hebe deine Hand und fasse das Glück in der großen Auswahl. Hebe die Hand mit den verflochtenen Fingern und denke an den Abstand. Es ist nur eine Hürde der vielen. Du stehst, und unter dir ist Erde. Und ich stehe. Und ich habe den Engel verloren und habe mich in der Nacht verloren. Die Kerze ist blass, sie stirbt, und aus der Nacht steigen glutrote Figuren. Umrisse der Finsternis. Du stehst dort, und dein Herz schlägt nicht schneller. Du siehst die Kugel. Ein Feuerball. Du atmest. Deine Augen schmerzen. Ertrage das. Du erträgt es nicht. Es ist zu viel. Und in der Nacht ist ein Geräusch. Auf blanker Fläche zwei Kugeln, blutrot und bewegt. Sie mehren sich auf wachsender Fläche. Ist das ein Spuk? Sie entwenden dir deine Welt. Sie berauben dich wie gemeine Wegelagerer. Denn dort, wo zwei laufen, füllt eine dritte den Abstand. Und sie mehren sich und türmen sich und beschreiben unechte Kreise. Sie leben auf Kreisen und haben noch Abstand. Doch sie mehren sich und steigen empor zu einem Berg, glutrot und bewegt. Aber du weißt ihre Fläche und ihren Grund und spürst ihre Wärme, die Wärme der Sonne auf blanker Fläche im Kreis eines glutroten Balles. Sie rufen dich. Du stehst. Dann bewegst du dich. Ich bewege mich auf die blanke Fläche und teile den Berg der Kugeln zu einem Weg. Ich höre das Flüstern, das Flüstern meiner Sonne, eine Stimme, ganz leise: Teile den Berg, mache dir Raum.

Und sie weichen zurück und lassen mich in künstlichem Abstand.

Aufgliederung des Textes

Ich habe heute geweint. Als ich heute Morgen aus Düsseldorf kam, war ich böse und entschlossen, G. zu vergessen. Sie hat sich gegen früher kaum geändert. Ich verstehe sie nicht. Es waren traurige Stunden dort, die nur aufregten und zu nichts führten.

Dann habe ich den ganzen Tag an sie gedacht und sie liebgehabt. Ich konnte fast keinen anderen Gedanken fassen. Mühsam quälte ich mich durch meine Anatomie. Ich wollte sie anrufen und sie fragen, was sie tue. Ich habe geglaubt, dass ich sie nicht mehr so lieben könnte wie früher. Aber es ist beinahe schlimmer. Vielleicht darum, dass ich jetzt eine ganz andere Einstellung zum Leben besitze. Ich habe ihr gesagt, dass ich Kinder haben möchte. Dieser Gedanke macht mich ganz verrückt. Es ist die Natur, die jetzt mit Gewalt zu ihrem Recht will.

—

Groß ist die Kugel. Sie bewegt sich auf einer blanken Fläche. Sie ist auf einer blanken Fläche. – Meine Augen sind müde. Sie haben die Kugel gemessen und dann die Fläche.

Zauberer waren hier. Ich sehe sie noch, ihre Gesichter, ihre Augen, die Hände. Sie zogen durch das Land und schufen wunderliche Dinge, die uns erstaunen, vor welchen wir stehen ohne Verstand. Zauberer. Der Stab kreist durch die Luft und beschreibt Figuren mit verschiedener Stärke.

Fühle die Kugel, deren geometrische Abmessung dir rätselhaft ist!

In einem Land lebt sie, sie liegt im Meer, sie ist überall zu Hause. Sie folgt und verfolgt auf blanker Fläche. Sie ist düster, sie ist schwarz, sie ist voll Trauer.

Fürchtest du sie? Wie du sie siehst, ist sie ein Ungeheuer!

Im Punkt der vielen Punkte ist sie unendlich. Sie ist wie der Sand am Meer oder …

Wie die Sonne!

Sonne und Kugel sind eins.

Liebst du die Sonne?

Was liebst du? Du fürchtest die Kugel!

Fürchtest du die Sonne? Wann hast du dich gesehen? Sie rufen dich!

Ich antworte: „Ich liebe die Kugel und die Sonne im Sand, und ich liebe den Abend als den Beginn des Tages und die Tiere, die dann erwachen."

Dann bin ich wieder allein. Ich überlege, ob ich mich einsam fühle. Es ist still. Die Kugel bewegt sich. Ich sehe das an der Fläche, die sich bewegt. Unter meinen Füßen ist Erde. Ich habe beide Hände in meinen Taschen und starre in den Himmel. Dort finde ich die Kugel in einer Wolke mit blanker Fläche. Ich wünsche Licht. Ob meine Hände zittern, wenn ich die Kerze anzünde?

Die Flamme leuchtet weit!

Ich stehe dort im Abend, und meine Kerze leuchtet weit. Ich sehe einen Engel. Ich denke an einen Engel in schwarzer Nacht, an die Kugel auf blanker Fläche. Ich denke an den Abstand.

Hebe deine Hand und fasse das Glück in der großen Auswahl! Hebe die Hand mit den verflochtenen Fingern und denke an den Abstand!

Es ist nur eine Hürde der vielen! Du stehst, und unter dir ist Erde!

Und ich stehe. Und ich habe den Engel verloren, und habe mich in der Nacht verloren. Die Kerze ist blass, sie stirbt, und aus der Nacht steigen glutrote Figuren.

Umrisse der Finsternis!

Du stehst dort und dein Herz schlägt nicht schneller! Du siehst die Kugel. Ein Feuerball! Du atmest!

Deine Augen schmerzen!

Ertrage das!

Du erträgt es nicht! Es ist zu viel!

Und in der Nacht ist ein Geräusch. Auf blanker Fläche zwei Kugeln, blutrot und bewegt. Sie mehren sich auf wachsender Fläche. Ist das ein Spuk?

Sie entwenden dir deine Welt! Sie berauben dich wie gemeine Wegelagerer! Denn dort, wo zwei laufen, füllt eine dritte den Abstand. Und sie mehren sich und türmen sich und beschreiben unechte Kreise!

Sie leben auf Kreisen und haben noch Abstand. Doch sie mehren sich und steigen empor zu einem Berg, glutrot und bewegt.

Aber du weißt ihre Fläche und ihren Grund und spürst ihre Wärme, die Wärme der Sonne auf blanker Fläche im Kreis eines glutroten Balles!

Sie rufen dich!Du stehst! Dann bewegst du dich!

Ich bewege mich auf die blanke Fläche und teile den Berg der Kugeln zu einem Weg. Ich höre das Flüstern, das Flüstern meiner Sonne, eine Stimme, ganz leise:

Teile den Berg, mache dir Raum!

Und sie weichen zurück und lassen mich in künstlichem Abstand.

Deutung
> *Tagebucheintrag ab ,,Groß ist die Kugel'' inspiriert.*

Ich habe heute geweint. Als ich heute Morgen aus Düsseldorf kam, war ich böse und entschlossen, G. zu vergessen. Sie hat sich gegen früher kaum geändert. Ich verstehe sie nicht. Es waren traurige Stunden dort, die nur aufregten und zu nichts führten.

Dann habe ich den ganzen Tag an sie gedacht und sie liebgehabt. Ich konnte fast keinen anderen Gedanken fassen. Mühsam quälte ich mich durch meine Anatomie. Ich wollte sie anrufen und sie fragen, was sie tue. Ich habe geglaubt, dass ich sie nicht mehr so lieben könnte wie früher. Aber es ist beinahe schlimmer. Vielleicht darum, dass ich jetzt eine ganz andere Einstellung zum Leben besitze. Ich habe ihr gesagt, dass ich Kinder haben möchte. Dieser Gedanke macht mich ganz verrückt. Es ist die Natur, die jetzt mit Gewalt zu ihrem Recht will.

—

Groß ist die Kugel.

> Im Textzusammenhang ist die Sonnenkugel gemeint. — „Seit alten Zeiten ist die Kugel ein Symbol für Vollständigkeit und Ganzheit. Ihre Traumbedeutung ist stets positiv. Die Kugel und alle kugelförmigen Gebilde im Traum stellen eine psychische Dynamik dar, die sich auf ein gemeinsames Zentrum hin orientiert. So kann sich das Streben der Psy-

che nach einer Vereinigung von Gegensätzen im Leben und nach Herstellung des psychischen Gleichgewichtes in der Traumsprache ausdrücken." (Günter Harnisch)

Sie bewegt sich auf einer blanken Fläche.

➢ Nämlich auf der Himmelsfläche. – Im Wörterbuch der deutschen Sprache von Bertelsmann (Wö. d. dt. Spr. v. Be.) hat „blank" an erster Stelle die Bedeutung von „sauber und glänzend" und an zweiter Stelle von „glänzend, leuchtend".

Sie ist auf einer blanken Fläche. –

➢ Denn in Wirklichkeit dreht sich ja die Erde. – Im Wö. d. dt. Spr. v. Be. wird „sein" an erster Stelle definiert als „sich (an einem Ort, an einer Stelle) befinden".

Meine Augen sind müde.

➢ „Im Volksmund bezeichnet man die Augen als den Spiegel der Seele. Das Auge hat im Traum die Symbolbedeutung eines Bewusstseinsorgans ..." (Günter Harnisch)

Sie haben die Kugel gemessen und dann die Fläche.

> *„Etwas oder jemanden messen" bedeutet nach dem Wö. d. dt. Spr. v. Be. „die Maße, Größe, Ausdehnung, Temperatur von etwas oder jemandem feststellen".*

Zauberer waren hier.

> *Im Wö. d. dt. Spr. v. Be. wird „Zauberer" an erster Stelle definiert als „(bei Naturvölkern, im Volksglauben und im Märchen) jemand, der zaubern kann", zum Beispiel „der Zauberer verwandelte ihn in eine Kröte". — Günter Harnisch schreibt zu „Zauberer" unter anderem: „Er kann Hinweis auf die archetypische männliche Kraft sein. Der Zauberer weist als Traumbild oft auf die Nähe einer großen, reinen Kraft hin ..."*

Ich sehe sie noch,

> *Nämlich in meiner Vorstellung*

ihre Gesichter, ihre Augen, die Hände. Sie zogen durch das Land und schufen wunderliche Dinge, die uns erstaunen, vor welchen wir stehen ohne Verstand. –

> ➢ „Ohne Verstand" hat nach Woxikon an erster Stelle die Bedeutung von „dumm".

Zauberer. Der Stab kreist durch die Luft und beschreibt Figuren mit verschiedener Stärke.

> ➢ „In der Traumsprache kommt der Stab in unterschiedlicher Bedeutung vor. [...] Im Sinne eines Zauberstabs deutet er auf das Bewirken von Wundern hin ..." (Günter Harnisch). – Zu Luft heißt es beim gleichen Autor unter anderem: „Sie gilt als Symbol für schöpferisches Denken und die Kräfte der Fantasie ..." – „... Von jeher ist nun die Luft als das Medium des Geistes empfunden worden ..." (Ernst Aeppli)

Fühle die Kugel, deren geometrische Abmessung dir rätselhaft ist!

> ➢ Gemeint ist die Sonnenkugel, deren Größe mir damals noch unbekannt war. – Im Wö. d. dt. Spr. v. Be. hat „fühlen" an erster Stelle die Bedeutung von „mit

dem Tastsinn wahrnehmen, körperlich spüren" und an zweiter Stelle von „seelisch empfinden".

In einem Land lebt sie, sie liegt im Meer, sie ist überall zu Hause. Sie folgt und verfolgt auf blanker Fläche.

> Nämlich auf der Himmelsfläche

Sie ist düster,

> Nämlich wenn Wolken sie verdunkeln

sie ist schwarz,

> Nämlich bei einer totalen Sonnenfinsternis, das heißt, wenn der Mond vor ihr steht.

sie ist voll Trauer.

> Wohl zu beziehen auf „sie ist schwarz", denn „Schwarz ist im Traum das Signal für einen seelischen Stillstand, auch für Trauer und Tod ..." (Günter Harnisch). – Im Wö. d. dt. Spr. v. Be. hat „Trauer" an dritter Stelle die Bedeutung von „Trauerbekleidung", zum Beispiel: Trauer tragen. –

Fürchtest du sie? Wie du sie siehst, ist sie ein Ungeheuer!

> Nämlich aus meiner wissenschaftsgläubigen bzw. materialistisch Sicht

Im Punkt der vielen Punkte ist sie unendlich.

> Im Wö. d. dt. Spr. v. Be. hat „Punkt" an siebenter Stelle die Bedeutung von „Sache, Angelegenheit". – Mit „der vielen Punkte" sind sicherlich die vielen Reflexe des Sonnenlichts gemeint.

Sie ist wie der Sand am Meer

> „Wie Sand am Meer" als Redewendung bedeutet nach Wortbedeutung.info „in großer Zahl, mehr als genug, in ungeheurer Menge".

oder ...

Wie die Sonne!

> „Die Sonne ist eines der positivsten Traumsymbole. Sie kennzeichnet im Traum stets produktive schöpferische Energie, die künstlerische Ideen oder Bewusstseinsprozesse in Gang bringt." (Günter Harnisch). – „Die positive (männliche) Kraft der Seele, Energiesymbol des Lebens, des Schöpferischen,

des Befruchtenden, denn in den meisten Kulturen wird die Sonne als männlich angesehen. Wo sie im Traum aufgeht, da ist Erfolg in allen Lebensbereichen zu erwarten. Wo sie untergeht, mündet eine Glücksphase ins Alltägliche. Die leuchtende Kraft der Sonne erhellt unser Bewusstsein und macht uns für neue und gute Taten bereit ..." (Georg Fink). – „... Das leuchtendste und größte Energiesymbol ist die Sonne. Wo sie im Traum aufgeht, ist stärkste Wirkung, ist ein tätiger Morgen zu erwarten. Nur in den Wüstenträumen kann die sengende Glut dem Wanderer den Tod bringen. Sonst aber ist sie die Bringerin des Lebens, des Schöpferischen, Befruchtenden. Sonnenuntergänge aber sind im Traum meist von negativer Bedeutung, eine Bewusstseinsphase geht zu Ende." (Ernst Aeppli). – „... Betrachten wir die Sonne (Orange) und die Erde (Blau), so finden wir in ihnen Urbild und Vorbild des Liebens. Das war

auch der Inhalt der Sonnenreligion Altägyptens und wird auch die Religion des
Wassermannzeitalters, des Evangeliums
der Sonne sein." (Heinrich Elijah Benedikt)

Sonne und Kugel sind eins.

> Nach dem Wö. d. dt. Spr. v. Be. hat
„eins" unter anderem die Bedeutung
von „eine Einheit, ein Ganzes".

Liebst du die Sonne?

Was liebst du? Du fürchtest die Kugel!

> Eine Stimme von „unten".

**Fürchtest du die Sonne? Wann hast du dich ge-
sehen? Sie rufen dich!**

> Mit letzterem sind Stimmen von „un-
ten" gemeint.

Ich antworte: „Ich liebe die Kugel und die Sonne
im Sand,

> Wohl zu verstehen im Sinne von: Ich
liebe die Sonnenkugel, die uns das Ta-
geslicht beschert, und ich liebe die Sonne am Strand,

und ich liebe den Abend als den Beginn des Tages

> Damals fühlte ich mich oft am Abend
> wohler und kreativer als den Tag über.

und die Tiere, die dann erwachen."

> „Tiere verkörpern im Traum die Natur-
> seite des Menschen. Sie vertreten
> gleichsam die Instinkte und Ahnungen
> ..." (Günter Harnisch)

Dann bin ich wieder allein. Ich überlege, ob ich
mich einsam fühle. Es ist still. Die Kugel bewegt
sich.

> Gemeint ist die Sonnenkugel.

Ich sehe das an der Fläche, die sich bewegt.

> Nämlich an der Fläche um mich herum.
> – „Synonyme für „sich bewegen" sind
> nach dem Duden unter anderem „sich
> regen, sich rühren, seine Lage verän-
> dern".

Unter meinen Füßen ist Erde.

> Zu „Fuß" bzw. „Bein" schreibt Günter
> Harnisch unter anderem: „Das Bein gibt
> im Traum Aufschlüsse über die Lebens-
> einstellung. Unsere Sprache verwendet

im übertragenen Sinne die Begriffe Gehen, Stehen, Fortschritt, Rückschritt für entsprechende Lebenssituationen …" – „Im Schoß der Erde liegt die Saat. Sie reift zu neuem Leben heran. Dementsprechend weist Erde als Traumsymbol meist auf Körperlichkeit, Fruchtbarkeit, Mütterlichkeit und Nähren hin …" (Günter Harnisch)

Ich habe beide Hände in meinen Taschen

> Gemeint ist: Ich habe beide Hände in meinen Hosentaschen. Das heißt in der Körpersprache, ich bin momentan untätig. – „Die Hand ist das körperliche Instrument des menschlichen Handelns. Dementsprechend sind alle Träume zu deuten, in denen die Hand eine Rolle spielt …" (Günter Harnisch)

und starre in den Himmel.

> Im Wö. d. dt. Spr. v. Be. hat „starren" an erster Stelle die Bedeutung von „starr blicken, unverwandt schauen". – Im gleichen Wörterbuch hat „Himmel" an erster Stelle die Bedeutung von

„Luftraum über der Erde, der als Halbkugel wahrgenommen wird" und an
zweiter Stelle von „Aufenthalt Gottes
oder der Götter sowie (nach christlicher
Lehre) der Seligen, Paradies".

Dort finde ich die Kugel in einer Wolke mit blanker Fläche.

➤ Zu Wolken schreibt Günter Harnisch:
„Dieses Traumbild gibt Hinweis auf die
gegenwärtige Stimmungslage des
Träumenden. Weiße Wolken an einem
blauen Himmel deuten auf Heiterkeit
und Optimismus. Dunkle Regenwolken
symbolisieren eine pessimistische oder
depressive Stimmung. Brauen sich Gewitterwolken zusammen, so stehen heftige Gefühlsausbrüche bevor."

Ich wünsche Licht.

➤ „Licht in etwas bringen" bedeutet nach
dem Wö. d. dt. Spr. v. Be. „eine Sache
aufklären".

Ob meine Hände zittern, wenn ich die Kerze anzünde?

➤ Gemeint ist hier, mir damals aber nicht
bewusst, das Zittern meiner rechten

Hand beim schnellen bzw. automatischen Schreiben im Rahmen einer Inspiration.

Die Flamme leuchtet weit!

> ➤ Die Stimme von „unten".

Ich stehe dort im Abend,

> ➤ Wohl mit einem Bezug zur obigen Textstelle: „und ich liebe den Abend als den Beginn des Tages". – Im Wö. d. dt. Spr. v. Be. hat „stehen" an fünfter Stelle die Bedeutung von „sich in einem Zustand, in einer Lage, Stellung befinden".

und meine Kerze leuchtet weit.

> ➤ Bezugnehmend auf die vorausgegangene Angabe: „Die Flamme leuchtet weit!"

Ich sehe einen Engel. Ich denke an einen Engel in schwarzer Nacht,

> ➤ Nämlich an einen gefallenen Engel. – „Die Nacht stellt im Traum den gesamten Bereich des Unbewussten dar, der im Dunkeln liegt." (Günter Harnisch)

an die Kugel auf blanker Fläche.

> ➤ Nämlich an die Sonnenkugel.

Ich denke an den Abstand.

➤ Ich denke an den Abstand zu ihr.

Hebe deine Hand und fasse das Glück in der großen Auswahl!

➤ (Der Engel der Finsternis, die Stimme von „unten")

Hebe die Hand mit den verflochtenen Fingern

➤ „Die Finger weisen meist auf Geschicklichkeit und einfache Gemütsregungen hin ..." (Günter Harnisch)

und denke an den Abstand!

➤ Nämlich an den Abstand zur Sonne. — Im Wö. d. dt. Spr. v. Be. wird „Abstand" definiert als „Entfernung zwischen zwei Gegenständen, Personen oder Zeitpunkten".

Es ist nur eine Hürde der vielen!

➤ Synonyme für „Hürde" sind nach dem Duden unter anderem „Barriere, Hindernis, Hemmnis".

Du stehst, und unter dir ist Erde!

➤ Bezugnehmend auf meine entsprechenden, oben angeführten Feststellungen. — Im Wö. d. dt. Spr. v. Be. hat „Erde" an zweiter Stelle die Bedeutung von „trockene Landmasse der Erdoberfläche als Lebensraum der Menschen".

Und ich stehe. Und ich habe den Engel verloren, und habe mich in der Nacht verloren.

> Synonyme für „sich verlieren" sind nach dem Duden unter anderem „sich verirren, sich verlaufen".

Die Kerze ist blass, sie stirbt, und aus der Nacht steigen glutrote Figuren.

> „Die Farbe Rot drückt Leidenschaft, Sinnlichkeit, Feuer und gesteigerte Vitalität aus. Aber Rot ist auch die Farbe der Revolution, der blutigen Unterdrückung. Sie kann – wie bei der Verkehrsampel – ein Gefahrensignal bedeuten." (Günter Harnisch). – Synonyme für Figur sind nach dem Duden unter anderem „Erscheinung, Gestalt, Wesen".

Umrisse der Finsternis!

> (Die Stimme von „oben") – Im Wö. d. dt. Spr. v. Be. wird „Umriss" definiert als „äußere Linie, durch die sich jemand

206

oder etwas vom Hintergrund abhebt".
– Zu Finsternis bzw. Dunkelheit
schreibt Günter Harnisch unter anderem: „Was im Dunkel liegt, kann man
nicht durchschauen und nicht begreifen.
Damit sind Gedanken, Gefühle und
Handlungen gemeint. Als Traumbild
weist die Dunkelheit meist auf Verständnislosigkeit, Unwissenheit, das Unbewusste, Angst, Alter und Tod hin ..."

Du stehst dort und dein Herz schlägt nicht schneller!

➢ (Die Stimme von „unten") – Im Wö. d.
dt. Spr. v. Be. hat „Herzklopfen" an
zweiter Stelle (im übertragenen Sinn)
die Bedeutung von „gesteigerte Erre-
gung".

Du siehst die Kugel.

➢ Mit „Kugel" ist die Sonne gemeint.

Ein Feuerball!

➢ Nämlich aus materialistischer Sicht.

Du atmest!

➢ „Das Ein- und Ausatmen bedeutet Anspannung und Entspannung. Es veran-

schaulicht auf diese Weise Lebensenergie. In der Traumsprache weist freier Atem auf unbehinderte Entfaltung der Energie und auf das Gleichgewicht der seelischen und körperlichen Kräfte hin ..." (Günter Harnisch)

Deine Augen schmerzen!

➢ Die Stimme von „oben", und zwar bezugnehmend auf: „Du siehst die Kugel. Ein Feuerball! Du atmest!"

Ertrage das!

➢ Die Stimme von „unten"

Du erträgt es nicht! Es ist zu viel!

➢ Die Stimme von „oben"

Und in der Nacht ist ein Geräusch. Auf blanker Fläche zwei Kugeln, blutrot und bewegt.

➢ Im Textzusammenhang dürfte hiermit ein Sexualverkehr zwischen Mann und Frau gemeint sein, wohl auf einem blanken Bettlaken. – „Seit alten Zeiten ist die Kugel ein Symbol für Vollständigkeit und Ganzheit. Ihre Traumbedeutung ist stets positiv. Die Kugel und alle kugelförmigen Gebilde im Traum stellen eine psychische Dynamik dar, die sich auf ein gemeinsames Zentrum hin orientiert. So kann sich das Streben der Psyche nach einer Vereinigung von Gegensätzen im Leben und nach Herstellung des psychischen Gleichgewichtes in der Traumsprache ausdrücken." (Günter Harnisch). – „Blut symbolisiert Lebenskraft, Liebe und Leidenschaft ..." (Günter Harnisch)

Sie mehren sich auf wachsender Fläche.

➢ Gemeint ist mit „Fläche" sicherlich die Erdoberfläche, die aber nicht in die Breite wachsen kann, sondern nur (durch Bauen) in die Höhe oder in die Tiefe. In meinen inspirierten Tagebuchtexten symbolisiert die „Fläche" meist einen Lebensbereich bzw. unser irdisches Betätigungsfeld.

Ist das ein Spuk?

Sie entwenden dir deine Welt! Sie berauben dich wie gemeine Wegelagerer! Denn dort, wo zwei laufen, füllt eine dritte den Abstand. Und sie mehren sich und türmen sich

➢ „Sich türmen" bedeutet nach dem Wö. d. dt. Spr. v. Be. „sich anhäufen, immer mehr werden", zum Beispiel „auf seinem Schreibtisch türmten sich die Briefe".

und beschreiben unechte Kreise!

➢ Nach dem Wö. d. dt. Spr. v. Be. hat „beschreiben" unter anderem die Bedeutung von „in bestimmter Weise verlaufen, sich in bestimmter Weise bewegen". – Der Kreis ist, wie auch der Ring, ein Ganzheitssymbol. Ihm wurde in alter Zeit in den Märchen und Mythen die Kraft eines Schutz- und Abwehrzaubers zugeschrieben. Alles, was sich im Traum in dem Kreis abspielt, hat besondere Bedeutung. Allgemein signalisiert der Kreis im Traum eine Konzentration psychischer Energie." (Günter Harnisch)

Sie leben auf Kreisen

210

> ➢ Nämlich auf Erdoberflächen, die vom Horizont begrenzt sind.

und haben noch Abstand.

> ➢ Nämlich voneinander

Doch sie mehren sich und steigen empor zu einem Berg, glutrot und bewegt.

> ➢ Zu Berg schreibt Georg Fink unter anderem: „Er deutet auf Probleme hin, die vor uns aufragen …"

Aber du weißt ihre Fläche und ihren Grund

> ➢ (Die Stimme von „unten") – Zu beziehen ist dieser Einwurf sicherlich auf die Bibelstelle: „Und zum Mann sprach er: Weil du gehorcht hast der Stimme deiner Frau und gegessen von dem Baum, von dem ich dir gebot und sprach: Du sollst nicht davon essen –, verflucht sei der Acker um deinetwillen! Mit Mühsal sollst du dich von ihm nähren dein Leben lang. Dornen und Disteln soll er dir tragen, und du sollst das Kraut auf dem Felde essen. Im Schweiße deines Angesichts sollst du dein Brot essen, bis du wieder zu Erde wirst, davon du ge-

nommen bist. Denn Staub bist du und zum Staub kehrst du zurück." (1. Mose 3:17–19)

und spürst ihre Wärme, die Wärme der Sonne

➤ Im Wö. d. dt. Spr. v. Be. hat „Sonne" an dritter Stelle (im übertragenen Sinn und poetisch) die Bedeutung von „etwas Helles, Warmes, Angenehmes", zum Beispiel „die Sonne des Glücks, der Liebe".

auf blanker Fläche

➤ Wohl bezugnehmend auf obige Textstelle: „Und in der Nacht ist ein Geräusch. Auf blanker Fläche zwei Kugeln, blutrot und bewegt."

im Kreis eines glutroten Balles!

➤ Synonyme für „Kreis" sind nach dem Duden unter anderem „Bereich, Feld, Gebiet".

Sie rufen dich!

➤ Die Stimme von „oben", bezugnehmend auf den Satz zuvor.

Du stehst!

➢ Wohl bezugnehmend auf obige Textstelle: „Und ich stehe. Und ich habe den Engel verloren und habe mich in der Nacht verloren."

Dann bewegst du dich!

Ich bewege mich auf die blanke Fläche
➢ Nämlich auf die „blanke Fläche" der „blutroten Kugeln"
und teile den Berg der Kugeln zu einem Weg.
➢ „Straßen oder Wege erscheinen im Traum als Symbole des Lebenswegs …" (Günter Harnisch)
Ich höre das Flüstern, das Flüstern meiner Sonne, eine Stimme, ganz leise:

Teile den Berg, mache dir Raum!

Und sie weichen zurück und lassen mich in künstlichem Abstand.
➢ Im Wö. d. dt. Spr. v. Be. hat „künstlich" an zweiter Stelle die Bedeutung von „nicht natürlich verlaufend, von Menschen erzeugt".

Nun höre das Lied der Kugeln und höre den Gesang der Sonne. Eine weite Ebene liegt vor dir. Die Nacht ist verschwunden, ohne Erinnerung an sie. Deine Vergangenheit ist schwarz, du bist leer wie eine Tonne, die ihr Wasser vergossen hat. Eine Wand hast du und einen Boden und einen Deckel. Aber du bist keine Tonne. Du bist auf einer Ebene allein. Es ist Tag. Es ist ein Tag. Du hast eine Sonne am Himmel, die Wärme und Licht ausstrahlt, und du hast den Wind und den Regen, welche die Erde befruchten. Du hast Wolken und Felder und Tiere. Und aus der Erde sprießen Pflanzen und Bäume, von deren Früchten du lebst. Auf einer Ebene zu einer Zeit, die ich nicht kenne, unter einer Sonne, die ich nur fühle, kreisen meine Gedanken und irren und finden manchmal einen neuen Weg. Schwarz ist die Erde.

Aufgliederung des Textes

Nun höre das Lied der Kugeln und höre den Gesang der Sonne:

Eine weite Ebene liegt vor dir. Die Nacht ist verschwunden, ohne Erinnerung an sie. Deine Ver-

gangenheit ist schwarz. Du bist leer wie eine Tonne, die ihr Wasser vergossen hat. Eine Wand hast du und einen Boden und einen Deckel. Aber du bist keine Tonne, du bist auf einer Ebene, allein. Es ist Tag.

Es ist ein Tag! Du hast eine Sonne am Himmel, die Wärme und Licht ausstrahlt, und du hast den Wind und den *Regen, welche die Erde be-fruchten! Du hast Wolken und Felder und Tiere! Und aus der Erde sprießen Pflanzen und Bäume, von deren Früchten du lebst!*

Auf einer Ebene zu einer Zeit, die ich nicht kenne, unter einer Sonne, die ich nur fühle, kreisen meine Gedanken und irren und finden manchmal einen neuen Weg. Schwarz ist die Erde.

Deutung
  ➢ Tagebucheintrag inspiriert.

Nun höre das Lied der Kugeln und höre den Ge-sang der Sonne:
  ➢ Zurückkommend auf das Ende meines Tagebucheintrags vom Vortag. — „Da-von kann ich ein Lied singen" bedeutet

nach dem Wö. d. dt. Spr. v. Be.: „das kenne ich aus eigener (unangenehmer) Erfahrung".

Eine weite Ebene liegt vor dir.

➢ (Des Lied der Kugeln) – Im Wörterbuch der deutschen Sprache von Bertelsmann (Wö. d. dt. Spr. v. Be.) wird „Ebene" an erster Stelle definiert als „ausgedehntes Gebiet ohne größere Höhenunterschiede".

Die Nacht ist verschwunden, ohne Erinnerung an sie.

➢ Nämlich die letzte Nacht, in der ich schlief.

Deine Vergangenheit ist schwarz.

➢ Im Wö. d. dt. Spr. v. Be. hat „schwarz" an erster Stelle die Bedeutung von „das Licht nicht zurückwerfend, sehr dunkel". – „Schwarz ist im Traum das Signal für einen seelischen Stillstand, auch für Trauer und Tod ..." (Günter Harnisch)

Du bist leer wie eine Tonne, die ihr Wasser vergossen hat.

➢ Im Wö. d. dt. Spr. v. Be. wird „Tonne"
an erster Stelle definiert als „großer,
beweglicher, zylindrischer Behälter". —
„Das Wasser symbolisiert im Traum unbewusste seelische Energie. Es entspricht
in etwa dem volkstümlichen Begriff Le-
benswasser. Nach den Ergebnissen der
modernen Wissenschaft wie in fast allen
mythologischen Schöpfungserzählungen
hat alles Leben seinen Ursprung im
Wasser." (Günter Harnisch)

Eine Wand hast du und einen Boden und einen Deckel.

➢ Also einen Abschluss bzw. eine Begrenzung nach unten, zu den Seiten und
nach oben.

Aber du bist keine Tonne, du bist auf einer Ebene, allein. Es ist Tag.

Es ist ein Tag!

➢ (Der Gesang der Sonne)

Du hast eine Sonne am Himmel,

➢ „Die Sonne ist eines der positivsten
Traumsymbole. Sie kennzeichnet im
Traum stets produktive schöpferische

Energie, die künstlerische Ideen oder Bewusstseinsprozesse in Gang bringt." (Günter Harnisch). – „Die positive (männliche) Kraft der Seele, Energiesymbol des Lebens, des Schöpferischen, des Befruchtenden, denn in den meisten Kulturen wird die Sonne als männlich angesehen. Wo sie im Traum aufgeht, da ist Erfolg in allen Lebensbereichen zu erwarten. Wo sie untergeht, mündet eine Glücksphase ins Alltägliche. Die leuchtende Kraft der Sonne erhellt unser Bewusstsein und macht uns für neue und gute Taten bereit ..." (Georg Fink). – „... Das leuchtendste und größte Energiesymbol ist die Sonne. Wo sie im Traum aufgeht, ist stärkste Wirkung, ist ein tätiger Morgen zu erwarten ..." (Ernst Aeppli). – „... Betrachten wir die Sonne (Orange) und die Erde (Blau), so finden wir in ihnen Urbild und Vorbild des Liebens. Das war auch der Inhalt der Sonnenreligion Altägyptens und wird auch die Religion des

Wassermannzeitalters, des Evangeliums der Sonne sein." (Heinrich Elijah Benedikt). – Im Wö. d. dt. Spr. v. Be. hat „Himmel" an erster Stelle die Bedeutung von „Luftraum über der Erde, der als Halbkugel wahrgenommen wird" und an zweiter Stelle von „Aufenthalt Gottes oder der Götter sowie (nach christlicher Lehre) der Seligen, Paradies". – „Im Traum bedeutet der Himmel das Reich des Geistes, des hohen Gedankenfluges und den Ort, aus dem schöpferische Einfälle stammen ..." (Günter Harnisch)

die Wärme und Licht ausstrahlt,

➢ „... Im übertragenen Sinne gilt Wärme als Symbol für Anteilnahme, Herzlichkeit, Zuneigung oder Leidenschaft ..." (Günter Harnisch). – „Licht ist Symbol für Bewusstsein, Verstand, Erkenntnisvermögen, geistige und gefühlsmäßige Klarheit, Ausgeglichenheit und Lebenskraft, Hoffnung und Freude am Leben. Das Licht beseitigt Unwissenheit und

Zweifel. Was im Licht liegt, kann man erkennen und begreifen. Man braucht es nicht zu fürchten. In diesem Sinne verkörpert das Licht als Traumsymbol den schöpferischen Geist, der Unwissenheit und Zweifel überwindet ..." (Günter Harnisch)

und du hast den Wind und den *Regen,*

> „... Oft ist der Wind Hinweis auf starke geistige Energien ..." (Günter Harnisch). — In meinen inspirierten Tagebuchtexten symbolisiert der Wind meist den Gedankenaustausch im Rahmen einer Inspiration bzw. des automatischen Schreibens. — „Der Regen ist ein Fruchtbarkeitssymbol. Er hat vorwiegend die Bedeutung einer geistigen Befruchtung im Sinne von neuen und schöpferischen Ideen ..." (Günter Harnisch)

welche die Erde befruchten!

> „Im Schoß der Erde liegt die Saat. Sie reift zu neuem Leben heran. Dementsprechend weist Erde als Traumsymbol

meist auf Körperlichkeit, Fruchtbarkeit, Mütterlichkeit und Nähren hin. Wer tief in die Erde eindringt, gelangt in Bereiche der Vergangenheit, der Geschichte und des Todes. Wer aus der Erde aufsteigt, erwacht zu neuem Leben. Mit diesem Traumbild kann auch die Geschichte der eigenen Persönlichkeit gemeint sein. Wer sich zu tief in die Erde eingräbt, lebt nur noch seinen Erinnerungen. Er entfernt sich von der Wirklichkeit. Wer sich aus der Erde befreit, wird lebenstüchtig. Er erlebt eine körperliche oder geistige Wiedergeburt und gewinnt neue Lebensperspektiven ...'' (Günter Harnisch)

Du hast Wolken und Felder und Tiere!

➢ Zu Wolken schreibt Günter Harnisch: „Dieses Traumbild gibt Hinweis auf die gegenwärtige Stimmungslage des Träumenden. Weiße Wolken an einem blauen Himmel deuten auf Heiterkeit und Optimismus. Dunkle Regenwolken symbolisieren eine pessimistische oder

depressive Stimmung. Brauen sich Gewitterwolken zusammen, so stehen heftige Gefühlsausbrüche bevor." – Zu Feld
heißt es beim gleichen Autor: „In der
Traumsprache ist das Feld meist als Betätigungsfeld zu sehen. Es symbolisiert
ein Aufgaben- und Interessengebiet ..."
– „Tiere verkörpern im Traum die Na-
turseite des Menschen. Sie vertreten
gleichsam die Instinkte und Ahnungen
..." (Günter Harnisch)

Und aus der Erde sprießen Pflanzen und Bäume,

➢ Im Wö. d. dt. Spr. v. Be. hat „Pflanze"
an erster Stelle die Bedeutung von „Le-
bewesen, das Chlorophyll besitzt und
alle lebensnotwendigen Stoffe aus anor-
ganischen Verbindungen aufbauen
kann". – „Auf der spirituellen Ebene
symbolisieren Pflanzen die Lebenskraft
und den Lebenszyklus." (Der Traum-
deuter.ch). – „Der Baum ist ein archetypisches Symbol des Lebens, wie es sich
in den Begriffen Lebensbaum und
Stammbaum niederschlägt. Als Traum-

symbol deutet der Baum meist auf die persönliche Entwicklung und das Wachstum des Träumenden hin ...“ (Günter Harnisch)

von deren Früchten du lebst!

> „Im Allgemeinen haben essbare Früchte die Bedeutung von Nahrungsmitteln. Sie zeigen sexuelle Bedürfnisse an, können aber auch auf Selbstvertrauen, Persönlichkeitsentwicklung, Erfolg und Glück hinweisen ...“ (Günter Harnisch)

Auf einer Ebene zu einer Zeit, die ich nicht kenne, unter einer Sonne, die ich nur fühle, kreisen meine Gedanken und irren und finden manchmal einen neuen Weg. Schwarz ist die Erde.

> Nämlich ohne die Sonne, das heißt, das Wachstum bzw. der Weg geht in Richtung Sonne.

26. September 1962

Es ist nicht lange her, dass ich angefangen habe, mich mit beinahe lächerlichen Dingen, könnte man meinen, zu beschäftigen. In irgendeinem Ding, das ich sehe, steckt doch mehr, als ich bisher annahm. Dieses Objekt ist vielleicht einem Buch zu vergleichen, dessen Titel wir kennen, dessen Einzelheiten in der Hast und Zweckmäßigkeit des Lebens verborgen bleiben. Ich habe bisher versucht, die Welt aufgrund ihrer substanziellen Beschaffenheit zu erklären. Ich sagte von einem Gegenstand, er ist. Dieses „Ist", undefiniert wie eben nur das „Sein" sein kann, war fundamentale Grundlage, die ich mit einem Vernunftsbegriff verglich. Letzteres kann ich heute nicht mehr halten, weil ich die Vernunft an sich in der Natur nicht finde. Ich nehme mir einen Bezug zu etwas Tatsächlichem, oder besser, ich stehe in einem Wechselverhältnis dazu. Der Begriff Vernunft ist ja gewissermaßen nur ein Qualitätszeichen. Ich hatte damals gesagt, alles Seiende ist gleich Vernunft. Da nur das „Sein" infolgedessen vernünftig sein kann, ist ein „Nichtsein" als Ausdruck der Unvernunft lediglich Theorie. Das Ganze ist Wortspielerei, vor allem, weil hier ohne innere Berechtigung das Wort „Vernunft" angewandt wird.

Die Art meiner Überlegungen hat sich etwas ge-ändert. Ich versuche, ein engeres Verhältnis zur Welt, zu den Dingen der Welt zu bekommen. Das geschieht dadurch, dass ich immer wieder ir-gendein Objekt analysiere und dabei viel mehr mich selbst einsetze. Das heißt, ich versuche, von der alten Methodik des Denkens, die schlag-wortartig der heranwachsenden Jugend zwecks späteren nützlichen Gebrauches beigebracht wird, loszukommen. Ich muss immer wieder durch Rückfragen an mich selbst das überprüfen oder in Kritik stellen, was ich als reagierendes Wesen aufnehme. Ein Beispiel: Ich esse Kuchen. Im letzten Satz sind drei Worte, die alle für etwas stehen. Zweimal für eine Gegenstand, einmal für einen Vorgang. Interessant wird hier die Analyse dieser Worte, die natürlich wiederum mit einem Werkzeug durchgeführt, das nicht ohne Tadel ist. Hier muss aber, auch wenn das Ganze wie ein Circulus vitiosus aussieht, manchmal oder vor-erst großzügig verfahren werden. Man kann ein-fach eine Welt, in der man großgeworden ist, nicht mit einem Mal auf den Kopf stellen. Das würde zu einem totalen Zusammenbruch führen. Aber indem man dauernd versucht, möglichst einfach eine Reaktion zwischen Subjekt und Ob-jekt ablaufen zu lassen, muss man sich einmal der Wahrheit nähern.

Aufgliederung des Textes

Es ist nicht lange her, dass ich angefangen habe, mich mit beinahe lächerlichen Dingen ...

Könnte man meinen!

... zu beschäftigen. In irgendeinem Ding, das ich sehe, steckt doch mehr, als ich bisher annahm.

Dieses Ding oder Objekt ist vielleicht einem Buch zu vergleichen, dessen Titel wir kennen, dessen inhaltliche Einzelheiten in der Hast und Zweckmäßigkeit des Lebens verborgen bleiben.

Ich habe bisher versucht, die Welt aufgrund ihrer substanziellen Beschaffenheit zu erklären. Ich sagte von einem Gegenstand: „Er ist". Dieses „Ist".

Undefiniert, wie eben nur das „Sein" sein kann!

... war fundamentale Grundlage, die ich mit einem Vernunftsbegriff verglich. Letzteres kann ich heute nicht mehr halten, weil ich die Vernunft an sich in der Natur nicht finde. Ich nehme mir einen Bezug zu etwas Tatsächlichem, oder besser, ich stehe in einer Wechselbeziehung dazu. Der Begriff Vernunft ist ja gewissermaßen nur ein Qualitätszeichen. Ich hatte damals gesagt, alles

Seiende sei gleich Vernunft. Da nur das „Sein"
infolgedessen vernünftig sein kann, ist ein
„Nichtsein" als Ausdruck der Unvernunft lediglich
Theorie.

**Das Ganze ist Wortspielerei, vor allem, weil hier
ohne innere Berechtigung das Wort „Vernunft"
angewandt wird.**

Die Art meiner Überlegungen hat sich etwas geändert. Ich versuche, eine engere Beziehung zur
Welt, zu den Dingen der Welt zu bekommen. Das
geschieht dadurch, dass ich immer wieder ir-
gendein Objekt analysiere und dabei viel mehr
mich selbst einsetze. Das heißt, ich versuche, von
der alten Methodik des Denkens, die schlag-
wortartig der heranwachsenden Jugend ...

Zwecks späteren nützlichen Gebrauches!

... beigebracht wird, loszukommen. Ich muss
immer wieder durch Rückfragen an mich selbst
das überprüfen ...

Oder in Kritik stellen!

... was ich als reagierendes Wesen aufnehme. Ein
Beispiel: Ich esse Kuchen. – In diesem Satz sind
drei Worte, die alle für etwas stehen. Zweimal
für einen Gegenstand, einmal für einen Vorgang.

Interessant wird hier die Analyse dieser Worte – die natürlich wiederum mit einem Werkzeug durchgeführt, das nicht ohne Tadel ist. Hier muss aber, auch wenn das Ganze wie ein Circulus vitiosus aussieht, manchmal oder vorerst großzügig verfahren werden. Man kann einfach eine Welt, in der man großgeworden ist, nicht mit einem Mal auf den Kopf stellen. Das würde zu einem totalen Zusammenbruch führen. Aber indem man dauernd versucht, möglichst einfach eine Reaktion zwischen Subjekt und Objekt ablaufen zu lassen, muss man sich einmal der Wahrheit nähern.

Deutung

> ➢ Das fett Geschriebene halte ich wegen seines sich vom übrigen Text zumeist deutlich absetzenden Sprachstils, wegen seiner Reife und auch wegen seines bestimmteren Ausdrucks für inspiriert.

Es ist nicht lange her, dass ich angefangen habe, mich mit beinahe lächerlichen Dingen ...

Könnte man meinen!

... zu beschäftigen. In irgendeinem Ding, das ich sehe, steckt doch mehr, als ich bisher annahm.

Dieses Ding oder Objekt ist vielleicht einem Buch zu vergleichen, dessen Titel wir kennen, dessen inhaltliche Einzelheiten in der Hast und Zweckmäßigkeit des Lebens verborgen bleiben.

Ich habe bisher versucht, die Welt aufgrund ihrer substanziellen Beschaffenheit zu erklären.

> ➢ Nach dem Wörterbuch der deutschen Sprache von Bertelsmann (Wö. d. dt. Spr. v. Be.) hat „aufgrund" die Bedeutung von „auf der Grundlage von, begründet durch, veranlasst durch". – Synonyme für „aufgrund" sind nach dem Duden unter anderem „angesichts, hinsichtlich, im Hinblick auf, in Anbetracht".

Ich sagte von einem Gegenstand: „Er ist". Dieses „Ist" ...

Undefiniert, wie eben nur das „Sein" sein kann!

... war fundamentale Grundlage, die ich mit einem Vernunftsbegriff verglich.

> Synonyme für „vergleichen" sind nach Woxikon unter anderem „gleichsetzen, gleichstellen".

Letzteres kann ich heute nicht mehr halten,

> Im Wö. d. dt. Spr. v. Be. hat „halten" an erster Stelle unter anderem die Bedeutung von „aufrechterhalten, beibehalten, bewahren".

weil ich die Vernunft an sich in der Natur nicht finde.

> So dachte ich damals.

Ich nehme mir einen Bezug zu etwas Tatsächlichem, oder besser, ich stehe in einer Wechselbeziehung dazu. Der Begriff Vernunft ist ja gewissermaßen nur ein Qualitätszeichen. Ich hatte damals gesagt, alles Seiende sei gleich Vernunft. Da nur das „Sein" infolgedessen vernünftig sein kann, ist ein „Nichtsein" als Ausdruck der Unvernunft lediglich Theorie.

Das Ganze ist Wortspielerei, vor allem, weil hier ohne innere Berechtigung das Wort „Vernunft" angewandt wird.

> Denn im Wö. d. dt. Spr. v. Be. wird „Vernunft" definiert als „Fähigkeit zur Erkenntnis und das Vermögen, sie anzuwenden".

Die Art meiner Überlegungen hat sich etwas geändert. Ich versuche, eine engere Beziehung zur Welt, zu den Dingen der Welt zu bekommen. Das geschieht dadurch, dass ich immer wieder irgendein Objekt analysiere und dabei viel mehr mich selbst einsetze. Das heißt, ich versuche, von der alten Methodik des Denkens, die schlagwortartig der heranwachsenden Jugend ...

Zwecks späteren nützlichen Gebrauches!

... beigebracht wird, loszukommen. Ich muss immer wieder durch Rückfragen an mich selbst das überprüfen ...

Oder in Kritik stellen!

... was ich als reagierendes Wesen aufnehme. Ein Beispiel: Ich esse Kuchen. – In diesem Satz sind drei Worte, die alle für etwas stehen. Zweimal für einen Gegenstand, einmal für einen Vorgang.

Interessant wird hier die Analyse dieser Worte – die natürlich wiederum mit einem Werkzeug durchgeführt, das nicht ohne Tadel ist.

➢ *Gemeint bin wohl ich.*

Hier muss aber, auch wenn das Ganze wie ein Circulus vitiosus aussieht, manchmal oder vorerst großzügig verfahren werden. Man kann einfach eine Welt, in der man großgeworden ist,

nicht mit einem Mal auf den Kopf stellen. Das würde zu einem totalen Zusammenbruch führen. Aber indem man dauernd versucht, möglichst einfach eine Reaktion zwischen Subjekt und Objekt ablaufen zu lassen, muss man sich einmal der Wahrheit nähern.

28. September 1962

Zu müde.

30. September 1962, Sonntag

Man sieht vor sich einen großen Platz. Ich habe dann das Bedürfnis, Dinge zu sehen, die mit dem Platz einen Zusammenhang haben. Ich habe früher diese Schwäche verflucht. Heute macht sie mich noch traurig und hilflos. Ich möchte dann ausweichen mit meinen Gedanken. Aber das führt zu nichts anderem. Ich fühle mich gelebt. Ich fühle, wie ich gehe, ohne gehen zu wollen, wie meine Hand Worte schreibt, die sie schreiben muss. Was lenkt meine Hand? Wie kann ich froh sein, wenn es nicht mein Eigenes ist, wenn der, den ich vertrete, eine Puppe ist, die alles tut, was in ihren Kräften ist. Wie kann ich das Bewegende erkennen, die Idee, die durch eine Hand mich zwingt zu leben? Kann ich es fühlen? Aber ich spüre nur die Berührung. So muss ich dann dauernd ertasten, alles muss auf meine Haut wirken. Und das Unsichtbare? Gibt es das? Es gibt für meine Augen Unsichtbares und für meine Ohren Unhörbares. Aber ist das für meine Augen Unsichtbare wirklich unsichtbar?
Ich habe keine Idee mehr. Ich habe alle Definitionen verloren, ich weiß nicht mehr den Sinn unserer Sprache. Was rede ich? Was höre ich? Ich misstraue meinen Sinnen. Ich weiß nicht, was Sinne sind und wie viele es gibt und wozu sie da sind. Ich sehe eine Straße vor mir.

Dort, wo ich ging, war Feld. Ich wollte nach der Uhr schauen. Ich trug keine am Arm. Wäre ich nur im Feld geboren. Ich liege im Feld – oder ich gehe dort. Kämen sie doch jetzt. Ich gehe lange. Immer noch Feld, einfaches Feld am Weg, Erde, rau, aufgeworfen. Ich höre sie in der Ferne. Sie schreien: aufge – worfen, rau, aufgeworfen.
Meine Ohren schmerzen. Meine Hände greifen ins Gesicht. Könnte ich sie nur halten. Mich friert. Alles tanzt vor meinen Augen. Es wird Nacht. Kaum spüre ich das. Ich liege am Boden. Ich wundere mich. Es ist still. Keine Geräusche. Wie arm ich bin. Lebe ich? Habe ich einen Gedanken? Und wenn ich einen hätte.

Aufgliederung des Textes

Man sieht vor sich einen großen Platz. Ich habe dann das Bedürfnis, Dinge zu sehen, die mit dem Platz einen Zusammenhang haben. Ich habe früher diese Schwäche verflucht. Heute macht sie mich noch traurig und hilflos. Ich möchte dann ausweichen mit meinen Gedanken. Aber das führt zu nichts anderem. Ich fühle mich gelebt. Ich fühle, wie ich gehe, ohne gehen zu wollen, wie meine Hand Worte schreibt, die sie schreiben muss. Was lenkt meine Hand? Wie kann ich froh sein, wenn es nicht mein Eigenes ist, wenn der, den ich vertrete, eine Puppe ist, die alles tut, was in ihren Kräften ist? Wie kann ich das Bewegende erkennen, die Idee, die durch eine Hand mich zwingt zu leben? Kann ich es fühlen? Aber ich spüre nur die Berührung. So muss ich dann dauernd ertasten, alles muss auf meine Haut wirken.

Und das Unsichtbare?

Gibt es das? Es gibt für meine Augen Unsichtbares und für meine Ohren Unhörbares. Aber ist das für meine Augen Unsichtbare wirklich unsichtbar?
Ich habe keine Idee mehr. Ich habe alle Definitionen verloren, ich weiß nicht mehr den Sinn unserer Sprache. Was rede ich? Was höre ich? Ich misstraue meinen Sinnen. Ich weiß nicht, was Sinne sind und wie viele es gibt und wozu sie da sind. Ich sehe eine Straße vor mir.

Dort, wo ich ging, war Feld. Ich wollte nach der Uhr schauen. Ich trug keine am Arm. Wäre ich nur im Feld geboren!
Ich liege im Feld – oder ich gehe dort. Kämen sie doch jetzt!
Ich gehe lange. Immer noch Feld, einfaches Feld am Weg, Erde, rau, aufgeworfen. Ich höre sie in der Ferne. Sie schreien:

Aufge – worfen, rau, aufgeworfen!

Meine Ohren schmerzen. Meine Hände greifen ins Gesicht. Könnte ich sie nur halten. Mich friert. Alles tanzt vor meinen Augen. Es wird Nacht. Kaum spüre ich das. Ich liege am Boden. Ich wundere mich. Es ist still, keine Geräusche. Wie arm ich bin! Lebe ich? Habe ich einen Gedanken? Und wenn ich einen hätte …

(Fortsetzung 2. Oktober)

Deutung

Man sieht vor sich einen großen Platz. Ich habe dann das Bedürfnis, Dinge zu sehen, die mit dem Platz einen Zusammenhang haben. Ich habe früher diese Schwäche verflucht. Heute macht sie mich noch traurig und hilflos. Ich möchte dann ausweichen mit meinen Gedanken. Aber das führt zu nichts anderem. Ich fühle mich gelebt. Ich fühle, wie ich gehe, ohne gehen zu wollen, wie meine Hand Worte schreibt, die sie schreiben muss.

> ➤ *Ein Hinweis auf mein mir damals nicht bewusstes automatisches Schreiben im Rahmen einer Inspiration.*

Was lenkt meine Hand? Wie kann ich froh sein, wenn es nicht mein Eigenes ist,

➢ „es" wurde eingefügt.

wenn der, den ich vertrete,

➢ Nämlich beim Schreiben ins Tagebuch

eine Puppe ist, die alles tut, was in ihren Kräften ist?

➢ Im Wörterbuch der deutschen Sprache von Bertelsmann (Wö. d. dt. Spr. v. Be.) hat „Puppe" an dritter Stelle die Bedeutung von „Marionette, Figur des Kasperletheaters".

Wie kann ich das Bewegende erkennen, die Idee, die durch eine Hand mich zwingt zu leben? Kann ich es fühlen? Aber ich spüre nur die Berührung. So muss ich dann dauernd ertasten, alles muss auf meine Haut wirken.

Und das Unsichtbare?

Gibt es das? Es gibt für meine Augen Unsichtbares und für meine Ohren Unhörbares. Aber ist das für meine Augen Unsichtbare wirklich unsichtbar?
Ich habe keine Idee mehr. Ich habe alle Definitionen verloren, ich weiß nicht mehr den Sinn unserer Sprache. Was rede ich? Was höre ich? Ich misstraue meinen Sinnen. Ich weiß nicht, was

Sinne sind und wie viele es gibt und wozu sie da sind. Ich sehe eine Straße vor mir.

> „Straßen oder Wege erscheinen im Traum als Symbole des Lebenswegs …" (Günter Harnisch)

Dort, wo ich ging, war Feld.

> „In der Traumsprache ist das Feld meist als Betätigungsfeld zu sehen. Es symbolisiert ein Aufgaben- und Interessengebiet. [...] Ein bestelltes, fruchtbares, grünendes und blühendes Feld hat grundsätzlich positive Bedeutung. Ein brachliegendes, mit Unkraut überwuchertes, unfruchtbares Feld betont die negative Seite der Symbolbedeutung. Darin kann sich ausdrücken, dass jemand seine Interessen vernachlässigt." (Günter Harnisch)

Ich wollte nach der Uhr schauen.

> „Die Uhr als Traumbild mahnt an die verrinnende Zeit. Gemeint sein kann die Lebensuhr. Die Zeitangabe, die die Uhr im Traum zeigt, hat meist konkrete

Bedeutung für das Leben des Träumenden." (Günter Harnisch)

Ich trug keine am Arm.

> „Arm und Hand gehören eng zusam-
men. In der Traumsprache ist der Arm
die Grundlage des Handelns." (Günter
Harnisch). Im Textzusammenhang frei
übersetzt: Ich befand mich in einem
zeitlosen Zustand.

Wäre ich nur im Feld geboren!

> Das heißt, ich wünschte mir sehr, als
Mensch auf der Erde zu leben.

Ich liege im Feld – oder ich gehe dort.

> Das heißt, ich lebe auf der Erde.

Kämen sie doch jetzt!

> Wohl diejenigen aus meinem zeitlosen
Dasein, aus meinem zeitlosen Leben

Ich gehe lange. Immer noch Feld, einfaches Feld
am Weg, Erde, rau, aufgeworfen.

> Ein Synonym für ein einfaches Feld am
Weg ist „Acker". Der Ackerboden wird
vom Bauern oft vor dem Winter mit
dem Pflug aufgeworfen. Nach dem Bo-
denfrost im Winter zerfallen dann die

groben Schollen beim Eggen im Frühjahr sehr leicht in eine lockere, krümelige Erde, die sich optimal eignet für die anstehende Aussaat.

Ich höre sie in der Ferne.

> Bezugnehmend auf obige Textstelle: „Kämen sie doch jetzt!" – Im Wö. d. dt. Spr. v. Be. wird „Ferne" definiert als „räumlicher oder zeitlicher Abstand, (weite) Entfernung", zum Beispiel „ein Ruf aus der Ferne". Da ich die Bedeutung meiner Tagebucheintragungen damals nicht erkannte, ist „in der Ferne" sicherlich zeitlich zu verstehen, und zwar als die Zeit der Interpretation der Texte etwa 50 Jahre später.

Sie schreien:

> Nämlich die mir Unsichtbaren

Aufge – worfen, rau, aufgeworfen!

> Nämlich mein irdisches Betätigungsfeld

Meine Ohren schmerzen.

> Im Textzusammenhang wohl zu verstehen im Sinne der Redewendung: „Es

war mir sehr schmerzlich, das hören zu müssen".

Meine Hände greifen ins Gesicht.

> Nämlich im Rahmen der Inspiration bzw. des automatischen Schreibens. – „„„Der Ausdruck des Gesichts kann seelische Befindlichkeiten widerspiegeln ..."" (Günter Harnisch)

Könnte ich sie nur halten.

> Synonyme für „halten" sind nach dem Duden unter anderem „zurückhalten, einhalten".

Mich friert.

> „Mich friert" bedeutet nach dem Duden Online-Wörterbuch unter anderem „einen Mangel an Wärme empfinden". Und zu Wärme schreibt Günter Harnisch unter anderem: „... Im übertragenen Sinne gilt Wärme als Symbol für Anteilnahme, Herzlichkeit, Zuneigung oder Leidenschaft. Nimmt die Wärme ab, so deutet dies auf abkühlende Gefühle ..."

Alles tanzt vor meinen Augen.

> Im Wö. d. dt. Spr. v. Be. hat „tanzen" an erster Stelle die Bedeutung von „Tänze ausführen, sich zu Musik bewegen".

Es wird Nacht.

> „Die Nacht stellt im Traum den gesamten Bereich des Unbewussten dar, der im Dunkeln liegt." (Günter Harnisch)

Kaum spüre ich das.

> Synonyme für „spüren" sind nach dem Duden unter anderem „bemerken, wahrnehmen, erkennen".

Ich liege am Boden.

> „Am Boden liegen" bedeutet nach Open Thesaurus unter anderem „am Ende sein, ausgespielt haben, erledigt sein".

Ich wundere mich.

> Nämlich über das, was ich schreibe.

Es ist still, keine Geräusche. Wie arm ich bin! Lebe ich? Habe ich einen Gedanken? Und wenn ich einen hätte …

(Fortsetzung 2. Oktober)

2. Oktober 1962 (Fortsetzung vom 30. September)

Wenn nur Gedanken dort wären. Meine Hände greifen in den Boden. Die Erde schiebt sich an den Armen empor. Wie ich sie fühle. Was kommt auf mich zu? Ich denke an ein kreisrundes Rad mit Feuer, das sich um meinen Hals legt. Die Erde schiebt sich empor, schwer, steinig, schmerzend. Die Erde ist warm. In ihr steckt die Wärme des Tages, während ich liege und während es dunkel ist und während ich sie rufen höre. Rufen sie wirklich? Wie viele sind es? Dieses Geschrei habe ich noch nie gehört. Meine verfluchten Ohren. Immer täuschen sie mich, gaukeln sie mir Lügen vor wie Marktfrauen, die faulen Fisch für frischen verkaufen, die falsch gedüngtes Gemüse zu teuren Preisen anbieten. Doch ich liebe das alles, ich liebe meinen Tod und die Qual einer Krankheit und den entseelenden Schmerz. Ich liebe das alles, was auch Mord und Verbrechen birgt, was so konfus ist wie der vom Wind aufgewirbelte Sand.

Fühlte ich nur die Erde! Hörte ich sie nur reden! Was bringt sie mir, sie, die an meinen Leib geschmiegte? Habe ich ihre Sprache verloren wie der moderne Mensch, der sich nur noch im Schlaf kennt?

Ich habe die Luft kennengelernt. Zuerst fand ich sie nicht. Ich kannte die Erde nicht. Ich kannte nur ein leeres Wort. Jetzt, wo ich die Erde fühle, denke ich an die Luft. Sie ist wie ein Glas, durch das man hindurch sieht, das man erst greift, wenn man es kennt.

Aufgliederung des Textes

Wenn nur Gedanken dort wären! Meine Hände greifen in den Boden. Die Erde schiebt sich an den Armen empor. Wie ich sie fühle! Was kommt auf mich zu? Ich denke an ein kreisrundes Rad mit Feuer, das sich um meinen Hals legt. Die Erde schiebt sich empor, schwer, steinig, schmerzend, …

Die Erde ist warm. In ihr steckt die Wärme des Tages!

… während ich liege und während es dunkel ist und während ich sie rufen höre. – Rufen sie wirklich? Wie viele sind es? Dieses Geschrei habe ich noch nie gehört. Meine verfluchten Ohren. Immer täuschen sie mich, gaukeln sie mir Lügen vor wie Marktfrauen, die faulen Fisch für frischen verkaufen, die falsch gedüngtes Gemüse zu teuren Preisen anbieten. Doch ich liebe das alles, ich liebe meinen Tod und die Qual einer Krankheit und den entseelenden Schmerz. Ich liebe das alles, was auch Mord und Verbrechen birgt, was so konfus ist wie der vom Wind aufgewirbelte Sand. Fühlte ich nur die Erde! Hörte ich sie nur reden! Was bringt sie mir, sie, die an meinen Leib geschmiegte? Habe ich ihre Sprache verloren wie der moderne Mensch, der sich nur noch im Schlaf kennt?

Ich habe die Luft kennengelernt. Zuerst fand ich sie nicht. Ich kannte die Erde nicht. Ich kannte nur ein leeres Wort. Jetzt, wo ich die Erde fühle, denke ich an die Luft. Sie ist wie ein Glas, durch das man hindurchsieht, das man erst greift, wenn man es kennt.

Deutung
  ➤ *Tagebucheintrag inspiriert.*

Wenn nur Gedanken dort wären!
  ➤ *Zurückkommend auf das Ende meines Tagebucheintrags vom 30. September. – Im Wörterbuch der deutschen Sprache von Bertelsmann (Wö. d. dt. Spr. v. Be.) wird „Gedanke" an erster Stelle*

definiert als „etwas, das gedacht wird oder worden ist, Inhalt, Vorgang, Ergebnis des Denkens, Einfall, Idee". – Infolge meiner damaligen Wissenschaftsgläubigkeit ging ich davon aus, dass alle unsere Gedanken auf Reaktionsabläufen in unserem Gehirn beruhten. Das nahm mir die Lust am Denken. Oft saß ich dann zu Beginn einer Tagebucheintragung gedankenlos vor meinem Tagebuch und wartete darauf, dass mir etwas einfiel. Retrospektiv die optimale Situation für den Empfang von Inspirationen.

Meine Hände greifen in den Boden.

➢ In meinem Tagebucheintrag vom 17. September heißt es: „Meine Hände staken im Boden." – „Die Hand ist das körperliche Instrument des menschlichen Handelns. Dementsprechend sind alle Träume zu deuten, in denen die Hand eine Rolle spielt …" (Günter Harnisch)

Die Erde schiebt sich an den Armen empor. Wie ich sie fühle!

> ➢ *Nämlich die Erde*

Was kommt auf mich zu?

> ➢ *Nämlich wenn ich sterbe.*

Ich denke an ein kreisrundes Rad mit Feuer, das sich um meinen Hals legt.

> ➢ *Wohl zu verstehen im Sinne von: Ich denke an die Höllenqualen, die mir angedroht werden, wenn ich mit einer Todsünde sterbe.*

Die Erde schiebt sich empor, schwer, steinig, schmerzend, …

Die Erde ist warm. In ihr steckt die Wärme des Tages!

… während ich liege

> ➢ *Am Schluss des letzten Tagebucheintrags hieß es: „Ich liege am Boden.“ Und „am Boden liegen“ bedeutet nach Open Thesaurus unter anderem „am Ende sein, ausgespielt haben, erledigt sein“.*

und während es dunkel ist

➤ „Was im Dunkel liegt, kann man nicht durchschauen und nicht begreifen. Damit sind Gedanken, Gefühle und Handlungen gemeint. Als Traumbild weist die Dunkelheit meist auf Verständnislosigkeit, Unwissenheit, das Unbewusste, Angst, Alter und Tod hin. Dieses Bild stellt oft unklare Ahnungen und Gefühle dar, Zweifel und Ungewissheit ..."
(Günter Harnisch)

und während ich sie rufen höre. – Rufen sie wirklich? Wie viele sind es? Dieses Geschrei habe ich noch nie gehört.

➤ In meinem Tagebucheintrag vom 30. September hieß es: „Sie schreien". Ich entsinne mich aber nicht, tatsächlich jemals in dieser Form Stimmen in meinem Inneren gehört zu haben. Nur ganz selten hörte und höre ich ein einzelnes Wort oder einen kurzen Satz, und das dann meist im Halbschlaf.

Meine verfluchten Ohren.

➤ „Du sollst ihnen sagen: So spricht der Herr, der Gott Israels: Verflucht der Mensch, der nicht hört auf die Worte dieses Bundes". (Jeremia 11:3). — „Erlebt man im Traum Bilder von aufmerksam lauschenden Ohren, ohne gleichzeitig Geräusche zu hören, so deutet dies auf eine intensive Beschäftigung mit der eigenen Person hin. Der Träumende horcht in sich hinein und denkt über seine innerpsychischen Vorgänge nach ..." (Günter Harnisch)

Immer täuschen sie mich, gaukeln sie mir Lügen vor wie Marktfrauen, die faulen Fisch für frischen verkaufen, die falsch gedüngtes Gemüse zu teuren Preisen anbieten.

➢ Bezüglich dieser Äußerung bitte ich die zu Unrecht beschuldigten Marktfrauen nachträglich um Verzeihung!

Doch ich liebe das alles, ich liebe meinen Tod und die Qual einer Krankheit und den entseelenden Schmerz. Ich liebe das alles, was auch Mord und Verbrechen birgt, was so konfus ist wie der vom Wind aufgewirbelte Sand.

➢ Im Wö. d. dt. Spr. v. Be. hat „etwas lieben" an erster Stelle die Bedeutung von „etwas gern haben, mögen". — Mit „das alles" ist sicherlich unser irdisches Leben gemeint.

Fühlte ich nur die Erde! Hörte ich sie nur reden! Was bringt sie mir, sie, die an meinen Leib geschmiegte?

➢ „Im Schoß der Erde liegt die Saat. Sie reift zu neuem Leben heran. Dementsprechend weist Erde als Traumsymbol meist auf Körperlichkeit, Fruchtbarkeit, Mütterlichkeit und Nähren hin. Wer tief in die Erde eindringt, gelangt in Bereiche der Vergangenheit, der Geschichte und des Todes. Wer aus der Erde aufsteigt, erwacht zu neuem Leben. Mit diesem Traumbild kann auch die Geschichte der eigenen Persönlichkeit gemeint sein. Wer sich zu tief in die Erde eingräbt, lebt nur noch seinen Erinnerungen. Er entfernt sich von der Wirklichkeit. Wer sich aus der Erde befreit, wird lebenstüchtig. Er erlebt eine körperliche oder geistige Wiedergeburt und gewinnt neue Lebensperspektiven ...“ (Günter Harnisch)

Habe ich ihre Sprache verloren wie der moderne Mensch, der sich nur noch im Schlaf kennt?

> *„Etwas oder jemanden kennen" bedeutet nach dem Wö. d. dt. Spr. v. Be. „etwas oder jemanden schon einmal gesehen, gehört, gelesen, erlebt haben". – Synonyme für „kennen" sind nach dem Duden unter anderem „sich auskennen, Bescheid wissen, Einblick haben, erfahren sein, im Bilde sein, informiert sein, verstehen".*

Ich habe die Luft kennengelernt. Zuerst fand ich sie nicht. Ich kannte die Erde nicht. Ich kannte nur ein leeres Wort. Jetzt, wo ich die Erde fühle, denke ich an die Luft. Sie ist wie ein Glas, durch das man hindurchsieht, das man erst greift, wenn man es kennt.

> *Zu Luft schreibt Günter Harnisch unter anderem: „Sie gilt als Symbol für schöpferisches Denken und die Kräfte der Fantasie …" – „… Von jeher ist nun die Luft als das Medium des Geistes empfunden worden …" (Ernst Aeppli)*

3. Oktober 1962

Ein großes Loch, in das man lebt, in das man ist, in das ich mich erfasse. Und ich fordere die Welt. Lautlos erhebe ich mich. Eine Sonne scheint mir, mir ganz allein, ein Lied höre ich und ihre Stimmen, ein Gebrüll wilder Kehlen. Dort, wo der Himmel ist, liegen Steine, liegt Feuer. Ich vertreibe den Spuk und finde mich im Feld, jenem quadratischen, das mir am Rücken liegt. Wie oft empfinde ich es. In der Nacht hat es grauschwarze Formen, die sich schnell verwischen. Zähle ich die Jahre, die ich hier verbringe? Wo ist das Feld? Habe ich es verloren?

Aufgliederung des Textes

Ein großes Loch, in das man lebt, in das man is(s)t, in das ich mich erfasse. Und ich fordere die Welt. Lautlos erhebe ich mich. Eine Sonne scheint mir, mir ganz allein. Ein Lied höre ich und ihre Stimmen, ein Gebrüll wilder Kehlen:

„Dort, wo der Himmel ist, liegen Steine, liegt Feuer!"

Ich vertreibe den Spuk und finde mich im Feld, jenem quadratischen, das mir am Rücken liegt.

Wie oft empfinde ich es? In der Nacht hat es grau-schwarze Formen, die sich schnell verwischen, zähle ich die Jahre, die ich hier verbringe. – Wo ist das Feld? Habe ich es verloren?

Deutung
  ➢ Tagebucheintrag inspiriert.

Ein großes Loch,
  ➢ Gemeint ist das Grab.
in das man lebt,
  ➢ in das man hineinlebt
in das man ist,
  ➢ in das unser Dasein hineinführt
in das ich mich erfasse.
  ➢ Im Wörterbuch der deutschen Sprache von Bertelsmann (Wö. d. dt. Spr. v. Be.) hat „erfassen" an vierter Stelle die Bedeutung von „begreifen, verstehen".
Und ich fordere die Welt.
  ➢ Ein Synonym für „fordern" ist nach dem Duden unter anderem „herausfordern".
Lautlos erhebe ich mich.

➢ Zurückkommend auf meinen Tagebucheintrag vom Vortag, wo ich „liege". — Synonyme für „sich erheben" sind nach dem Duden unter anderem „sich auflehnen, sich wehren, sich widersetzen".— „Lautlos" für meine Umgebung, nämlich mithilfe von Inspirationen im Rahmen meiner Tagebuchführung.

Eine Sonne scheint mir, mir ganz allein.

➢ In meinem Tagebucheintrag vom 24. September hieß es: „Du hast eine Sonne am Himmel ..." — „Die Sonne ist eines der positivsten Traumsymbole. Sie kennzeichnet im Traum stets produktive schöpferische Energie, die künstlerische Ideen oder Bewusstseinsprozesse in Gang bringt." (Günter Harnisch). — „Die positive (männliche) Kraft der Seele, Energiesymbol des Lebens, des Schöpferischen, des Befruchtenden, denn in den meisten Kulturen wird die Sonne als männlich angesehen. Wo sie im Traum aufgeht, da ist Erfolg in allen Lebensbereichen zu erwarten. Wo sie untergeht, mündet eine Glücksphase ins Alltägliche. Die leuchtende Kraft der Sonne erhellt unser Bewusstsein und macht uns für neue und gute Taten bereit ..." (Georg Fink). – „... Das leuchtendste und größte Energiesymbol ist die Sonne. Wo sie im Traum aufgeht, ist stärkste Wirkung, ist ein tätiger Morgen zu erwarten. Nur in den Wüstenträumen kann die sengende Glut dem Wanderer den Tod bringen. Sonst aber ist sie die Bringerin des Lebens, des Schöpferischen, Befruchtenden. Sonnenuntergänge aber sind im Traum meist von negativer Bedeutung, eine Bewusstseinsphase geht zu Ende." (Ernst Aeppli). – „... Betrachten wir die Sonne (Orange) und die Erde (Blau), so finden wir in ihnen Urbild und Vorbild des Liebens. Das war auch der Inhalt der Sonnenreligion Altägyptens und wird auch die Religion des Wassermannzeitalters, des Evangeliums der Sonne sein." (Heinrich Elijah Benedikt)

Ein Lied höre ich und ihre Stimmen,

> ➤ Ebenfalls am 24. September schrieb ich (inspiriert) ins Tagebuch: „Nun höre das Lied der Kugeln ..."

ein Gebrüll wilder Kehlen:

> ➤ Wohl zukünftiger Leser, die das, was ich schreibe, zurückweisen. − Im Wö. d. dt. Spr. v. Be. hat „wild" an achter Stelle die Bedeutung von „ungestüm", zum Beispiel „ihn packte eine wilde Wut, ein wilder Zorn".

„Dort, wo der Himmel ist, liegen Steine, liegt Feuer!"

> ➤ Im Textzusammenhang sind mit „Steine" sicherlich die Steine im Weltraum gemeint, und mit „Feuer" das Feuer der Sonnen. − Im Wö. d. dt. Spr. v. Be. hat „liegen" an dritter Stelle die Bedeutung von „sich befinden, an einem Platz, an einer Stelle sein".

Ich vertreibe den Spuk und finde mich im Feld,

> ➤ „In der Traumsprache ist das Feld meist als Betätigungsfeld zu sehen. Es

symbolisiert ein Aufgaben- und Interessengebiet. [...] Ein bestelltes, fruchtbares, grünendes und blühendes Feld hat grundsätzlich positive Bedeutung. Ein brachliegendes, mit Unkraut überwuchertes, unfruchtbares Feld betont die negative Seite der Symbolbedeutung. Darin kann sich ausdrücken, dass jemand seine Interessen vernachlässigt."
(Günter Harnisch)

jenem quadratischen,

➤ „Die der Festigkeit und Entschiedenheit des Rot entsprechende Form ist das Quadrat. Beide, das Rot unter den Farben und das Quadrat unter den Formen, sind Ausdruck der Kraft, der Stabilität, aber auch der Aggressivität und der Konfrontation. Als Form des Backsteins und des Steinquaders wird es zum Symbol aller festen Struktur sowie zum Sinnbild des tragenden Fundamentes der Welt. Seinen rhythmischen Ausdruck finden wir im stereotypen

Vierviertaltakt des Marsches." (Heinrich Elijah Benedikt in „Die Kabbala")

das mir am Rücken liegt.

> Also das irdische Feld.

Wie oft empfinde ich es? In der Nacht hat es grau-schwarze Formen,

> „Die Nacht stellt im Traum den gesamten Bereich des Unbewussten dar, der im Dunkeln liegt." (Günter Harnisch). — Im Wö. d. dt. Spr. v. Be. hat „Form" an erster Stelle die Bedeutung von „Gestalt, Umriss, äußere Erscheinung" und an vierter Stelle von „körperlicher und/oder geistiger Zustand".

die sich schnell verwischen, zähle ich die Jahre, die ich hier verbringe. —

> „Sich verwischen" hat nach dem Wö. d. dt. Spr. v. Be. unter anderem die Bedeutung von „undeutlich werden", zum Beispiel „in meiner Erinnerung haben sich die Einzelheiten verwischt".

Wo ist das Feld? Habe ich es verloren?

5. Oktober 1962

Wie ist das Gefühl? Sie haben Wertvolles verloren. Sie sind traurig. Der Schmerz verändert Sie. Er steckt Sie auf oder sabotiert Sie. Dann vergessen Sie. Irgendwann einmal, erinnern Sie sich, tat mir das Herz weh. Was empfinden Sie? Es ist wie ein Buch, aus dem Seiten herausgerissen werden. Sie haben die Geschichte gelesen, möchten aber nach Jahren noch einmal wissen, wie es zuging. Sie finden das Buch zerstört. Die Zeit hat den Druck zersetzt, die Feuchtigkeit das Papier aufgeweicht. Schicksal, sagen Sie? Glauben Sie, dass Menschen Bücher so verwahren, dass sie unbefleckt bleiben. Ja, Bücher schon, aber sich selbst nicht. Alles ist im Fluss. Du findest dich in jedem Augenblick anders. Was nützen dir erhaltene Seiten, wenn deine Augen blind wurden und dein Mund stumm, wenn dein Herz müde geworden und deine Lippen den Kuss nicht mehr spüren. Macht es dich traurig? Vielleicht. Es verändert dich. Doch du lachst mit dem nächsten Menschen und betest dann zu Gott und bewunderst die Schönheit der Blumen, die du im Dreck findest. Blumen, die dort wuchsen, die die Sonne aufgehen sahen und ihren Untergang, die das Nass des Regens spürten und im Sturm ihre zarten Stiele beinahe in den Tod bogen, die in der Glut der Sonne welkten und schließlich verschwanden und nur noch in deinem Geist herumspuken. Betest du zu ihnen? Beten Sie?

Die Farbe des Feldes ist verloren mit der Frucht, die eingeholt ist. Wie die Frucht starb, so starb der Bauer mit jedem Schnitt, den seine Maschine in das Leben hinein tat, und wie die Frucht fiel, so fiel die Welt in ein Chaos, in ein geordnetes Chaos, dessen Anwesenheit unheimlich massiv ist.

Ich frage Sie, lieben Sie das Feld, jenes grauschwarze oder das in der Quadratur oder im Zirkel oder im üblichen Rechteck. Hören Sie die Glocken und sehen Sie diese Massen von Rauch, welche einem hohen Turm entsteigen? Lieben Sie die Nacht und ihren Regen und ihre unendliche Einsamkeit, lieben Sie das Kratzen einer Feder und das Geschrei der Kinder? Deine Augen, wie große Feuerbälle, spiegeln das Licht der Sonne, und dein Atem geht wie die Uhr ohne Besitzer.

Weit ist der Horizont und in der Ferne verlöschen die Gedanken.

Aufgliederung des Textes

Wie ist das Gefühl? Sie haben Wertvolles verloren, Sie sind traurig. Der Schmerz verändert Sie. Er steckt Sie auf oder sabotiert Sie. Dann vergessen Sie. „Irgendwann einmal", erinnern Sie sich, „tat mir das Herz weh." Was empfinden Sie? Es ist wie ein Buch, aus dem Seiten herausgerissen werden. Sie haben die Geschichte gelesen, möchten aber nach Jahren noch einmal wissen, wie es zuging. Sie finden das Buch zerstört. Die Zeit hat den Druck zersetzt, die Feuchtigkeit das Papier aufgeweicht. „Schicksal", sagen Sie? Glauben Sie, dass Menschen Bücher so verwahren, dass sie unbefleckt bleiben?

Ja, Bücher schon, aber sich selbst nicht! Alles ist im Fluss! Du findest dich in jedem Augenblick anders! Was nützen dir erhaltene Seiten, wenn deine Augen blind wurden und dein Mund stumm, wenn dein Herz müde geworden und deine Lippen den Kuss nicht mehr spüren?! Macht es dich traurig? Vielleicht. Es verändert dich! Doch du lachst mit dem nächsten Menschen und betest dann zu Gott und bewunderst die Schönheit der Blumen, die du im Dreck findest! Blumen, die dort wuchsen, die die Sonne aufgehen sahen und ihren Untergang, die das Nass des Regens spürten und im Sturm ihre zarten Stiele beinahe in den Tod bogen, die in der Glut der Sonne welkten und schließlich verschwanden und nur noch in deinem Geist herumspuken. Betest du zu ihnen?!

Beten Sie?

Die Farbe des Feldes ist verloren mit der Frucht, die eingeholt ist!

Wie die Frucht starb, so starb der Bauer mit jedem Schnitt, den seine Maschine in das Leben hinein tat, und wie die Frucht fiel, so fiel die Welt in ein Chaos ...

In ein geordnetes Chaos!

... dessen Anwesenheit unheimlich massiv ist. – Ich frage Sie, lieben Sie das Feld, jenes grauschwarze oder das in der Quadratur oder im Zirkel oder im üblichen Rechteck? Hören Sie die Glocken und sehen Sie diese Massen von Rauch, welche einem hohen Turm entsteigen? Lieben Sie die Nacht und ihren Regen und ihre unendliche Einsamkeit? Lieben Sie das Kratzen einer Feder und das Geschrei der Kinder?

Deine Augen, wie große Feuerbälle, spiegeln das Licht der Sonne, und dein Atem geht wie die Uhr ohne Besitzer! Weit ist der Horizont und in der Ferne verlöschen die Gedanken!

Deutung

> ➢ Tagebucheintrag wohl überwiegend inspiriert, mit Sicherheit aber das fett Geschriebene.

Wie ist das Gefühl? Sie haben Wertvolles verloren, Sie sind traurig.

> ➢ An einen imaginären Gesprächspartner gerichtet.

Der Schmerz verändert Sie. Er steckt Sie auf oder sabotiert Sie.

> ➢ Im Wörterbuch der deutschen Sprache von Bertelsmann (Wö. d. dt. Spr. v. Be.) hat „aufstecken" an dritter Stelle die Bedeutung von „aufgeben, nicht länger tun, nicht weiter betreiben". – Im gleichen Wörterbuch wird „sabotieren" definiert als „durch Sabotage vereiteln, behindern".

Dann vergessen Sie. „Irgendwann einmal", erinnern Sie sich, „tat mir das Herz weh."

> ➢ Im Wö. d. dt. Spr. v. Be. hat „Herzschmerz" an zweiter Stelle die Bedeutung von „emotionaler Schmerz, besonders Liebeskummer".

Was empfinden Sie? Es ist wie ein Buch, aus dem Seiten herausgerissen werden. Sie haben die Geschichte gelesen, möchten aber nach Jahren noch einmal wissen, wie es zuging. Sie finden das Buch zerstört. Die Zeit hat den Druck zersetzt, die Feuchtigkeit das Papier aufgeweicht. „Schicksal", sagen Sie? Glauben Sie, dass Menschen Bücher so verwahren, dass sie unbefleckt bleiben?

Ja, Bücher schon, aber sich selbst nicht! Alles ist im Fluss! Du findest dich in jedem Augenblick anders! Was nützen dir erhaltene Seiten, wenn deine Augen blind wurden und dein Mund stumm, wenn dein Herz müde geworden und deine Lippen den Kuss nicht mehr spüren?! Macht es dich traurig? Vielleicht. Es verändert dich! Doch du lachst mit dem nächsten Menschen und betest dann zu Gott und bewunderst die Schönheit der Blumen, die du im Dreck findest! Blumen, die dort wuchsen, die die Sonne aufgehen sahen und ihren Untergang, die das Nass des Regens spürten und im Sturm ihre zarten Stiele beinahe in den Tod bogen, die in der Glut der Sonne welkten und schließlich verschwanden und nur noch in deinem Geist herumspuken. Betest du zu ihnen?!

Beten Sie?

Die Farbe des Feldes ist verloren mit der Frucht, die eingeholt ist!

Wie die Frucht starb, so starb der Bauer mit jedem Schnitt, den seine Maschine in das Leben hinein tat, und wie die Frucht fiel, so fiel die Welt in ein Chaos ...

In ein geordnetes Chaos!

... dessen Anwesenheit unheimlich massiv ist. – Ich frage Sie, lieben Sie das Feld, jenes grauschwarze oder das in der Quadratur

> Zurückkommend auf meinen Tagebucheintrag vom 3. Oktober. – „In der Traumsprache ist das Feld meist als Betätigungsfeld zu sehen. Es symbolisiert ein Aufgaben- und Interessengebiet ..." (Günter Harnisch). – Im Wö. d. dt. Spr. v. Be. hat „Quadratur" an zweiter Stelle die Bedeutung von „Umwandlung einer krummlinig begrenzten Fläche in ein Quadrat mit gleichem Flächeninhalt", zum Beispiel die „Quadratur des Kreises". – „Die der Festigkeit und Entschiedenheit des Rot entsprechende Form ist das Quadrat. Beide, das Rot

unter den Farben und das Quadrat unter den Formen, sind Ausdruck der Kraft, der Stabilität, aber auch der Aggressivität und der Konfrontation. Als Form des Backsteins und des Steinquaders wird es zum Symbol aller festen Struktur sowie zum Sinnbild des tragenden Fundamentes der Welt. Seinen rhythmischen Ausdruck finden wir im stereotypen Vierviertaltakt des Marsches." (Heinrich Elijah Benedikt in „Die Kabbala")

oder im Zirkel

➢ Im Wö. d. dt. Spr. v. Be. hat „Zirkel" an zweiter Stelle die Bedeutung von „geselliger Kreis von Personen, Klub".

oder im üblichen Rechteck?

➢ oder das Feld in seiner üblichen Rechteckform? – „... Ein Rechteck ist als ein gestörtes Quadrat zu verstehen. Es deutet auf zu starke Ich-Bezogenheit des Träumenden hin ..." (Günter Harnisch)

Hören Sie die Glocken und sehen Sie diese Massen von Rauch, welche einem hohen Turm entsteigen? Lieben Sie die Nacht und ihren Regen und ihre unendliche Einsamkeit? Lieben Sie das Kratzen einer Feder und das Geschrei der Kinder?

Deine Augen, wie große Feuerbälle,

➢ „Im Volksmund bezeichnet man die Augen als den Spiegel der Seele. Das Auge hat im Traum die Symbolbedeutung eines Bewusstseinsorgans …" (Günter Harnisch). – „Feuer und Flammen treten im Traum in verschiedenen Bedeutungen auf, die sich meist aus dem Handlungszusammenhang näher bestimmen lassen. […] Allgemein kennzeichnet es im positiven Sinne psychische Energie, wie sie sich in dem sprachlichen Bild der Lebensflamme ausdrückt …" (Günter Harnisch). – „Wie die Kugel ist der Ball ein Symbol für Ganzheit. Wenn wir an Begriffe wie Erdball oder Sonnenball denken, so erscheint es verständlich, dass der Ball im Traum Ausdruck für konzentrierte psychische Energie sein kann …" (Günter Harnisch)

spiegeln das Licht der Sonne,

➢ Eine materialistische Betrachtungsweise, denn „etwas spiegeln" hat im Wö. d. dt. Spr. v. Be. an erster Stelle die Bedeutung von „das Spiegelbild von etwas zeigen" und an zweiter Stelle von „ein Abbild von etwas geben", (meist) „widerspiegeln". „Die Sonne ist eines der positivsten Traumsymbole. Sie kennzeichnet im Traum stets produktive schöpferische Energie, die künstlerische Ideen oder Bewusstseinsprozesse in Gang bringt." (Günter Harnisch). – „Die positive (männliche) Kraft der Seele, Energiesymbol des Lebens, des Schöpferischen, des Befruchtenden, denn in den meisten Kulturen wird die Sonne als männlich angesehen. Wo sie im Traum aufgeht, da ist Erfolg in allen Lebensbereichen zu erwarten. Wo sie untergeht, mündet eine Glücksphase ins Alltägliche. Die leuchtende Kraft der Sonne erhellt unser Bewusstsein und macht uns für neue und gute Taten bereit ..." (Georg Fink). – „... Das leuchtendste und größte Energiesymbol ist die Sonne. Wo sie im Traum aufgeht, ist stärkste Wirkung, ist ein tätiger Morgen zu erwarten. Nur in den Wüstenträumen kann die sengende Glut dem Wanderer den Tod bringen. Sonst aber ist sie die Bringerin des Lebens, des Schöpferischen, Befruchtenden. Sonnenuntergänge aber sind im Traum meist von negativer Bedeutung, eine Bewusstseinsphase geht zu Ende." (Ernst Aeppli). – „... Betrachten wir die Sonne (Orange) und die Erde (Blau), so finden wir in ihnen Urbild und Vorbild des Liebens. Das war auch der Inhalt der Sonnenreligion Altägyptens und wird auch die Religion des Wassermannzeitalters, des Evangeliums der Sonne sein." (Heinrich Elijah Benedikt)

und dein Atem geht wie die Uhr ohne Besitzer!

➢ „Das Ein- und Ausatmen bedeutet Anspannung und Entspannung. Es veranschaulicht auf diese Weise Lebensenergie.

In der Traumsprache weist freier Atem auf unbehinderte Entfaltung der Energie und auf das Gleichgewicht der seelischen und körperlichen Kräfte hin … (Günter Harnisch). — Nach dem Wö. d. dt. Spr. v. Be. hat „gehen" unter anderem die Bedeutung von „in Tätigkeit sein, funktionieren".

Weit ist der Horizont und in der Ferne verlöschen die Gedanken!

➢ Nämlich aus materialistischer Sicht. — Zu Horizont schreibt Günter Harnisch: „Dieses Traumbild symbolisiert die Grenzen des Träumenden in der Aufnahme und Verarbeitung geistiger und seelischer Eindrücke."

7. Oktober 1962

Wieder unvernünftig gewesen letzte Nacht. Erst um 4:00 Uhr ins Bett. Zu viel getrunken. Heute erschöpft, Kopfschmerzen. Am Mittag Spaghetti, Chianti, betrunken, geschlafen bis zum Abend. Jetzt einigermaßen wach, Hitzegefühl. Der Mensch ist sein eigener Mörder. Wie dumm er ist, viel dümmer als ein Tier!

Erläuterung

Wieder unvernünftig gewesen letzte Nacht. Erst um 4:00 Uhr ins Bett. Zu viel getrunken. Heute erschöpft, Kopfschmerzen. Am Mittag Spaghetti, Chianti, betrunken,

> ➢ *Letzteres ist wohl wieder etwas über-*
> *trieben dargestellt.*

geschlafen bis zum Abend. Jetzt einigermaßen wach, Hitzegefühl. Der Mensch ist sein eigener Mörder. Wie dumm er ist, viel dümmer als ein Tier!

8. Oktober 1962

Mit groben Fingern zeige ich auf dich. Ich habe dich gesehen, wie du den Ausschnitt betratest. Ich habe dich bewundert, vor dir gestanden und dich befragt. Dein Herz schlug an meinem Ohr, dein Atem beatmete mich wie die Luft das Feuer. Bist du mir Zeit? Wann hast du mich geboren? Ich sehe das Laub fallen und spüre die Kälte. Im Sog der Erde hafte ich unentrinnbar. Armselige, du hast mich belogen. Dein Griff würgt mich zu Tode.
Fasse ihn! Dort wo du stehst. Was drängt dich? Greife ins Volle, greife ins Leere. Macht dich dein Unverstand träge? Wie leer sind deine Augen, wie voll ist dein Herz! Summiere, extrahiere. Deine Hand spüre das Leben!! Besinne dich. Du weichst zurück, dann verfolgst du? Siehe dort, eine Stimme wächst empor, ihr blecherner Klang, es verändert dich. Steh! Doch du gehst.

Aufgliederung des Textes

Mit groben Fingern zeige ich auf dich. Ich habe dich gesehen, wie du den Ausschnitt betratest. Ich habe dich bewundert, vor dir gestanden und dich befragt. Dein Herz schlug an meinem Ohr, dein Atem beatmete mich wie die Luft das Feuer.

Bist du mir Zeit? Wann hast du mich geboren? Ich sehe das Laub fallen und spüre die Kälte. Im Sog der Erde hafte ich unentrinnbar. Armselige, du hast mich belogen. Dein Griff würgt mich zu Tode.

Fasse ihn, dort wo du stehst! Was drängt dich? Greife ins Volle!
Greife ins Leere.

Macht dich dein Unverstand träge? Wie leer sind deine Augen!

Wie voll ist dein Herz!

Summiere, extrahiere!

Deine Hand spüre das Leben!!

Besinne dich!

Du weichst zurück, dann verfolgst du?

Siehe dort, eine Stimme wächst empor!

Ihr blecherner Klang.

Es verändert dich!

Steh! – Doch du gehst.

Deutung

- ➤ Tagebucheintrag inspiriert.

Mit groben Fingern zeige ich auf dich.

- ➤ Im Textzusammenhang zurückkommend auf das Ende meines Tagebucheintrags vom 5. Oktober, wo es, auf mich bezogen, heißt: „und dein Atem geht wie die Uhr ohne Besitzer!" – Mit den „groben Fingern" sind sicherlich die Finger meiner – mir damals aber nicht bewusst – automatisch schreibenden rechten Hand gemeint.

Ich habe dich gesehen,

- ➤ Nämlich die „Uhr"

wie du den Ausschnitt betratest.

- ➤ Im Wörterbuch der deutschen Sprache von Bertelsmann (Wö. d. dt. Spr. v. Be.) hat „Ausschnitt" an dritter Stelle die Bedeutung von „Teil (aus einem Ganzen)". – Synonyme für „betreten" sind nach dem Duden unter anderem „eintreten, hereintreten, hineintreten".

Ich habe dich bewundert, vor dir gestanden und dich befragt.

➤ ... und dich gefragt, wie spät es ist.

Dein Herz schlug an meinem Ohr,

➤ Nämlich das Uhrwerk.

dein Atem beatmete mich wie die Luft das Feuer.

➤ Bezugnehmend auf die oben wiederholte Textstelle aus meinem Tagebucheintrag vom 5. Oktober. —— Synonyme für Atem sind nach Thesaurus unter anderem „Geist, Odem, Leben".

Bist du mir Zeit?

➤ Nach dem Wö. d. dt. Spr. v. Be. bezeichnet man mit „Uhr" unter anderem auch kurz die Uhrzeit, die auf dem Zifferblatt angezeigte Stunde, zum Beispiel: „Wie viel Uhr ist es?" – Ein Synonym für „Uhr" ist nach Woxikon unter anderem „Zeit". – Im Wö. d. dt. Spr. v. Be. hat „Zeit" an zweiter Stelle die Bedeutung von „begrenzter Zeitraum, Zeitspanne", zum Beispiel „die Zeit des Lebens".

Wann hast du mich geboren? Ich sehe das Laub fallen und spüre die Kälte.

➤ „Die Blätter an Bäumen und Sträuchern symbolisieren im Allgemeinen die

Gefühle und Gedanken des Träumenden. Der jahreszeitliche Entwicklungsstand der Blätter lässt dabei nähere Rückschlüsse auf deren Beschaffenheit zu. Junge, knospende Blätter deuten auf neue Gedanken, keimende Hoffnungen oder erwachende Gefühle. Voll entwickeltes, gesundes grünes Laub weist auf seelische Ausgeglichenheit und ein erfülltes Leben hin. Herbstlaub bringt durch Lebenserfahrung gereiftes und geordnetes Denken und Fühlen zum Ausdruck. Welkendes, abfallendes Laub symbolisiert überlebte Gedanken, sterbende Gefühle, Enttäuschungen und Resignation. Das gilt vor allem, wenn dieses Traumbild in Zusammenhang mit einer Winterlandschaft auftritt." (Günter Harnisch). – Im Wö. d. dt. Spr. v. Be. hat „Kälte" an zweiter Stelle (im übertragenen Sinn) die Bedeutung von „Mangel an (innerer) Wärme, Gefühl, an Menschlichkeit".

Im Sog der Erde hafte ich unentrinnbar.

➤ Nämlich infolge der Anziehungskraft der Erde, der Gravitation. – „Im Schoß der Erde liegt die Saat. Sie reift zu neuem Leben heran. Dementsprechend weist Erde als Traumsymbol meist auf Körperlichkeit, Fruchtbarkeit, Mütterlichkeit und Nähren hin. Wer tief in die Erde eindringt, gelangt in Bereiche der Vergangenheit, der Geschichte und des Todes ...“ (Günter Harnisch)

Armselige, du hast mich belogen.

➤ Gemeint ist die Zeit.

Dein Griff würgt mich zu Tode.

➤ Im Wö. d. dt. Spr. v. Be. wird „Griff“ an erster Stelle definiert als „das Greifen, Fassen, Erfassen“.

Fasse ihn, dort wo du stehst!

➤ Im Textzusammenhang eine Stimme von „unten“.

Was drängt dich?

➤ Synonyme für „drängen“ sind nach dem Duden unter anderem „antreiben, treiben, zu bewegen suchen, zusetzen, nicht in Ruhe lassen“.

Greife ins Volle!

Greife ins Leere.

> ➢ Im Textzusammenhang zu ergänzen zu: Ich greife ins Leere. – Im Wö. d. dt. Spr. v. Be. hat „Leere" an erster Stelle die Bedeutung von „das Leersein", zum Beispiel (im übertragenen Sinn) „innere Leere". – Synonyme für Leere sind nach dem Duden unter anderem „Nichts, Öde, Verlassenheit, Einfallslosigkeit, Geistlosigkeit, Ideenlosigkeit, Inhaltslosigkeit".

Macht dich dein Unverstand träge? Wie leer sind deine Augen!

> ➢ Im Wö. d. dt. Spr. v. Be. wird Unverstand definiert als „Mangel an Verstand, Torheit, Einfalt". – „Im Volksmund bezeichnet man die Augen als den Spiegel der Seele. Das Auge hat im Traum die Symbolbedeutung eines Bewusstseinsorgans. Eine Behinderung der Sehfähigkeit informiert beispielsweise darüber, dass der Träumende ein be-

stimmtes Problem oder auch die Problematik seiner Lebensführung insgesamt nicht richtig sieht." (Günter Harnisch)

Wie voll ist dein Herz!

> (Eine Stimme von „oben") – „Das Herz ist das Symbol für körperliche Lebensenergie, aber auch für Liebe, für Gefühlsfähigkeit. Nach der Symbolik des Mittelalters war das Herz das Bild der Sonne im Menschen. Auch dieses Bild weist deutlich auf die Bedeutung dieses Organs für die Versorgung mit Lebensenergie hin ..." (Günter Harnisch)

Summiere, extrahiere!

> Wohl zu ergänzen zu: Ich summiere, ich extrahiere, und zwar zu beziehen auf die beiden vorausgegangenen unterschiedlichen Kommentare, die ich für Äußerungen von mir hielt.

Deine Hand spüre das Leben!!

> Die Stimme von „unten", und wohl zu beziehen auf: „Greife ins Volle!"

280

Besinne dich!
- ➢ (Die Stimme von „oben") – „Sich besinnen" hat im Wö. d. dt. Spr. v. Be. an erster Stelle die Bedeutung von „überlegen, nachdenken".

Du weichst zurück,
- ➢ Zu beziehen auf den vorangegangenen Rat. – Im Wö. d. dt. Spr. v. Be. hat „zurückweichen" an zweiter Stelle (im übertragenen Sinn) die Bedeutung von „einer Sache aus dem Weg gehen", zum Beispiel „vor einer Anstrengung zurückweichen".

dann verfolgst du?
- ➢ Zu beziehen auf: „Deine Hand spüre das Leben!!" – „Eine Sache verfolgen" hat im Wö. d. dt. Spr. v. Be. unter anderem die Bedeutung von „zu erreichen suchen", zum Beispiel „er verfolgt damit einen bestimmten Zweck, Plan".

Siehe dort, eine Stimme wächst empor!
- ➢ Nämlich die Stimme von „unten".

Ihr blecherner Klang.

> ➢ Nämlich davon ausgehend, dass es die Stimme der Uhr ist. — Im Wö. d. dt. Spr. v. Be. hat „blechern" an erster Stelle die Bedeutung von „aus Blech" und an zweiter Stelle von „metallisch hart (im Ton), ohne vollen Klang".

Es verändert dich!

Steh! —

> ➢ An die Uhr (Zeit) gerichtet. — Im Wö. d. dt. Spr. v. Be. hat „stehen" an sechster Stelle die Bedeutung von „in Ruhe, nicht in Bewegung, nicht in Gang sein", zum Beispiel „die Uhr steht".

Doch du gehst.

> ➢ Nach dem Wö. d. dt. Spr. v. Be. hat „gehen" unter anderem die Bedeutung von „in Tätigkeit sein, funktionieren", zum Beispiel „die Maschine geht nicht, geht wieder".

Siehst du den Sand? Und das Meer über dem Sand? Wie groß ist der Abstand? Du misst.
Und die Wand bricht!
Ich zähle meine Hände,
ach meine Hände, sie zittern im Wind. Wie es fällt. Fallen Sand und Sand wie Kohle und Kohle und ich singe das Lied von der Spekulation. Ich finde meinen Abend nicht. Wo schlafen meine Vögel, hat mein Herz seine Ruhe?
Punkte im Licht, Ornamente des Ewigen.
Sie tanzen mit dir. Sie liegen wie tot und tanzen mit dir, tanzen, tanzen. Es echot von der Wand. Von der Wand am Meer, von der Zeit am Meer, von dem Sand am Meer. Nimmermüde blaue Fläche. Blaue Fläche im Sand. Blaue Nacht. Blauer Regen. Kein Regen, kein blauer Sand? Roter? Scheusal!!
Was erschreckt dich? Dort, wo du gehst, sind Löcher, fußgroße Löcher. Tratest du in diese Löcher, tratest du in diesen Sand? Ich greife die Erde. Wie sie mich zieht! Ich bekämpfe mich, der mich zieht. Und wenn ich liege, schlägt mich die Hand.
Es sind keine Minuten mehr da. Ich vergaß sie heute?

Aufgliederung des Textes

Siehst du den Sand – und das Meer über dem Sand? Wie groß ist der Abstand?

Du misst!

Und die Wand bricht, ich zähle meine Hände ...

Ach!

Meine Hände, sie zittern im Wind: „Wie es fällt, fallen Sand und Sand wie Kohle und Kohle ..." Und ich singe das Lied von der Spekulation. Ich finde meinen Abend nicht. Wo schlafen meine Vögel, hat mein Herz seine Ruhe?

Punkte im Licht, Ornamente des Ewigen! Sie tanzen mit dir! Sie liegen wie tot und tanzen mit dir.

Tanzen?

Tanzen!

Es echot von der Wand, von der Wand am Meer, von der Zeit am Meer, von dem Sand am Meer. Nimmermüde blaue Fläche, blaue Fläche im Sand.

Blaue Nacht. Blauer Regen.

Kein Regen!

Kein blauer Sand? Roter?

Scheusal!!

Was erschreckt dich? Dort, wo du gehst, sind Löcher, fußgroße Löcher. Tratest du in diese Löcher, tratest du in diesen Sand?

Ich greife die Erde, wie sie mich zieht! Ich bekämpfe mich, der mich zieht! Und wenn ich liege, schlägt mich die Hand! Es sind keine Minuten mehr da. Ich vergaß sie heute.

Deutung
➢ *Tagebucheintrag inspiriert.*

Siehst du den Sand – und das Meer über dem Sand? Wie groß ist der Abstand?
➢ *Eine Frage, die ich, mir damals aber nicht bewusst, an einen mir rätselhaften, imaginären Gesprächspartner richte.*

Du misst!

Und die Wand bricht,

- ➢ Zu Wand schreibt Günter Harnisch: „Dieses Traumbild kommt in zwei unterschiedlichen Bedeutungen vor: Einmal verkörpert die Wand Schutz und Geborgenheit. Zum anderen stellt sie ein Hindernis dar." Im Textzusammenhang ist hier mit „Wand" die Trennwand zur Geistigen Welt gemeint. – Synonyme für „brechen" sind nach dem Duden unter anderem „aufbrechen, ausbrechen, von sich geben".

ich zähle meine Hände ...

Ach!

- ➢ Denn im Textzusammenhang muss es heißen: ich zähle, meine Hände.

Meine Hände, sie zittern im Wind:

- ➢ „Zittern" steht hier für die schnelle Bewegung meiner rechten Hand beim, mir damals aber nicht bewussten, automatischen Schreiben. – „... Oft ist der Wind Hinweis auf starke geistige Energien ..." (Günter Harnisch). – In meinen inspirierten Tagebuchtexten symbolisiert der Wind meist den Gedankenaustausch im Rahmen einer Inspiration bzw. meines automatischen Schreibens.

„Wie es fällt,

> Mit „es" ist im Textzusammenhang das Meer gemeint. – „Das Meer ist ein archetypisches Symbol für den Ursprung des Lebendigen überhaupt, nicht des persönlichen Lebens eines Individuums. In seiner unabsehbaren Tiefe und Weite stellt es im Traum das Kollektive Unbewusste dar ..." (Günter Harnisch). Im Wörterbuch der deutschen Sprache von Bertelsmann (Wö. d. dt. Spr. v. Be.) hat „fallen" an zweiter Stelle die Bedeutung von „sinken, niedriger werden".

fallen Sand und Sand wie Kohle und Kohle ..."

> „In der Traumsprache ist Sand meist ein Symbol für Zeit und Vergänglichkeit ..." (Günter Harnisch). – Im Wö. d. dt. Spr. v. Be. hat „Kohle" an vierter Stelle (meist Plural) umgangssprachlich die Bedeutung von „Geld", zum Beispiel „Kohle machen".

Und ich singe das Lied von der Spekulation.

> „Davon kann ich ein Lied singen" bedeutet nach dem Wö. d. dt. Spr. v. Be.: „das kenne ich aus eigener (unangenehmer) Erfahrung". – Im gleichen Wörterbuch hat „Spekulation" an zweiter Stelle die Bedeutung von „Geschäft (besonders mit Wertpapieren oder Grundstücken) aufgrund von Preisschwankungen".

Ich finde meinen Abend nicht.

> Synonyme für Abend sind nach Thesaurus unter anderem „Tagesende, Abendruhe".

Wo schlafen meine Vögel,

> „Im Traum symbolisieren Vögel meist geistige Inhalte des Unbewussten. Gelegentlich stellen sie auch die im Volksmund bekannte erotische Nebenbedeutung dar." (Günter Harnisch)

hat mein Herz seine Ruhe?

> „Das Herz ist das Symbol für körperliche Lebensenergie, aber auch für Liebe, für Gefühlsfähigkeit. Nach der Symbolik des Mittelalters war das Herz das Bild

der Sonne im Menschen. Auch dieses Bild weist deutlich auf die Bedeutung dieses Organs für die Versorgung mit Lebensenergie hin ..." (Günter Harnisch)

Punkte im Licht,

> Gemeint sind damit im Textzusammenhang die Sterne am Nachthimmel. – "Als Traumbild sind Sterne meist Symbole des Lichts, der Hoffnung, des Glaubens und der Zuversicht. Oft deuten sie auch auf Selbstbesinnung hin." (Günter Harnisch). – "In den östlichen Kulturen ist der Punkt ein Symbol für die Mitte, für das Wesentliche, das Zentrum." (Günter Harnisch). – "Licht ist Symbol für Bewusstsein, Verstand, Erkenntnisvermögen, geistige und gefühlsmäßige Klarheit, Ausgeglichenheit und Lebenskraft, Hoffnung und Freude am Leben. Das Licht beseitigt Unwissenheit und Zweifel. Was im Licht liegt, kann man erkennen und begreifen. Man braucht es nicht zu fürchten. In diesem Sinne ver-

körpert das Licht als Traumsymbol den schöpferischen Geist, der Unwissenheit und Zweifel überwindet …" (Günter Harnisch)

Ornamente des Ewigen!

➢ Im Wö. d. dt. Spr. v. Be. wird „Ornament" definiert als „Verzierung, Schmuckform".

Sie tanzen mit dir!

➢ Nach dem Wö. d. dt. Spr. v. Be. hat „tanzen" unter anderem die Bedeutung von „auf der Bühne als Tänzer(in) darstellen, vorführen".

Sie liegen wie tot

➢ Nämlich am Nachthimmel.

und tanzen mit dir.

Tanzen?

Tanzen!

➢ (Eine Stimme von „unten")

Es echot von der Wand,

➢ Nämlich „Tanzen!"

von der Wand am Meer,

> Bezüglich der symbolischen Bedeutung von „Wand" und „Meer" siehe oben.

von der Zeit am Meer,

> Im Wö. d. dt. Spr. v. Be. hat „Zeit" an zweiter Stelle die Bedeutung von „begrenzter Zeitraum, Zeitspanne", zum Beispiel „die Zeit des Lebens".

von dem Sand am Meer.

> Bezüglich der symbolischen Bedeutung von „Sand" siehe oben.

Nimmermüde blaue Fläche, blaue Fläche im Sand.

> Gemeint ist die blaue Meeresoberfläche. — „... Blau ist die Farbe des Himmels, des Meeres und der stillen Wasser, die den Himmel widerspiegeln. Es führt uns in die Weite und in die Tiefe. Es eröffnet Neuland und zieht uns in die Ferne. Es vermittelt den Eindruck der Unbegrenztheit des Universums und der Seele ..." (Heinrich Elijah Benedikt in „Die Kabbala"). — In meinen inspirierten Tagebuchtexten symbolisiert die „Fläche" meist einen Lebensbereich bzw. unser irdisches Betätigungsfeld.

Blaue Nacht!

> Die Stimme von „unten", wohl bezug-
> nehmend auf meinen Tagebucheintrag
> vom 7. Oktober, den ich begann mit:
> „Wieder unvernünftig gewesen letzte
> Nacht. Erst um 4:00 Uhr ins Bett. Zu
> viel getrunken." – Im Wö. d. dt. Spr. v.
> Be. hat „blau" an zweiter Stelle (im
> übertragenen Sinn und umgangs-
> sprachlich) die Bedeutung von „betrun-
> ken", zum Beispiel: er ist völlig blau".

Blauer Regen!

> „Der Regen ist ein Fruchtbarkeitssym-
> bol. Er hat vorwiegend die Bedeutung
> einer geistigen Befruchtung im Sinne
> von neuen und schöpferischen Ideen.
> Manchmal ist dieses Symbol aber auch
> Ausdruck von Traurigkeit oder depres-
> siver Stimmung." (Günter Harnisch)

Kein Regen!

Kein blauer Sand? Roter?

> „Die Farbe Rot drückt Leidenschaft,
> Sinnlichkeit, Feuer und gesteigerte Vi-

talität aus. Aber Rot ist auch die Farbe der Revolution, der blutigen Unterdrückung. Sie kann – wie bei der Verkehrsampel – ein Gefahrensignal bedeuten." (Günter Harnisch)

Scheusal!!

Was erschreckt dich?

➢ (Die Stimme von „oben")

Dort, wo du gehst, sind Löcher,

➢ Synonyme für Loch sind nach dem Duden unter anderem „Leck, Lücke, offene/schadhafte Stelle".

fußgroße Löcher.

➢ Nämlich meine Fußstapfen im „Sand". – „Mit den Beinen, dem Fuße ist symbolisch verbunden, was unsern „Lebensgang" betrifft. Die phallische, also sexuelle Bedeutung, welche die Psychoanalyse dem Symbol des Fußes mit Recht auch zuspricht, tritt hinter jenen allgemeinen Gehalt des Fußsymbols als ein Zeichen dessen, womit wir weiterschreiten, zurück." (Ernst Aeppli)

Tratest du in diese Löcher, tratest du in diesen Sand?

Ich greife die Erde, wie sie mich zieht!

> ➤ Wohl was die Entstehung der „Löcher" angeht. — Nach dem Wö. d. dt. Spr. v. Be. hat „greifen" unter anderem die Bedeutung von „Widerstand finden, nicht abrutschen". — „Im Schoß der Erde liegt die Saat. Sie reift zu neuem Leben heran. Dementsprechend weist Erde als Traumsymbol meist auf Körperlichkeit, Fruchtbarkeit, Mütterlichkeit und Nähren hin. Wer tief in die Erde eindringt, gelangt in Bereiche der Vergangenheit, der Geschichte und des Todes ..." (Günter Harnisch). — Synonyme für „wie" sind nach dem Duden unter anderem „auf welche Weise, in welcher Form, in welchem Grade".

Ich bekämpfe mich, der mich zieht!

> ➤ ... Nämlich zur Erde hin

Und wenn ich liege,

> ➤ Und wenn ich am Boden liege

schlägt mich die Hand!

➢ Nämlich meine automatisch schreibende Hand, und zwar mit dem vorstehenden Kommentar. — „Jemanden schlagen" bedeutet nach dem Wö. d. dt. Spr. v. Be. unter anderem „jemandem großes Leid bringen, jemanden hart, schmerzlich treffen".

Es sind keine Minuten mehr da.

➢ Nämlich zum Schreiben.

Ich vergaß sie heute.

➢ „Das kannst du vergessen" bedeutet nach dem Wö. d. dt. Spr. v. Be. umgangssprachlich „das ist längst erledigt, das wird nicht mehr gebraucht".

12. Oktober 1962, Freitag (Fortsetzung vom Vortag)

Nein, leugne dich nicht. Jetzt. Und jetzt komme, gehe, stehe! Weiche zurück. Phantasticus heiße ich und spiele mit Wolken. Ich fliege zu ihnen hinauf und falle, falle und falle. Die Wolken sind mein. Durchbreche mich, du Absurder, trockne und male mich und zerstreue mich im Wind. Wo ist mein Atem. Ich forme die Erde, sie schmilzt in meinen Händen. Oh, Phantasticus, du bist ein toter Mann.

Aufgliederung des Textes

Nein, leugne dich nicht! Jetzt!

Und jetzt komme, gehe, stehe! Weiche zurück! Fantasticus heiße ich und spiele mit Wolken. Ich fliege zu ihnen hinauf und falle …

Falle!

… und falle. Die Wolken sind mein. Durchbreche mich, du Absurder, trockne und mahle mich und zerstreue mich im Wind!

Wo ist mein Atem? Ich forme die Erde, sie schmilzt in meinen Händen! – Oh, Fantasticus, du bist ein toter Mann!

<u>Deutung</u>
➤ Tagebucheintrag inspiriert.

Nein, leugne dich nicht!
➤ Die Stimme von „oben", zurückkommend auf das Ende meines Tagebucheintrags vom Vortag. – „Etwas leugnen" hat nach dem Wörterbuch der deutschen Sprache von Bertelsmann (Wö. d. dt. Spr. v. Be.) die Bedeutung von „die Wahrheit, das Vorhandensein von etwas bestreiten, erklären, dass etwas nicht war, nicht vorhanden sei", zum Beispiel „die Existenz einer Sache leugnen; die Existenz Gottes leugnen".

Jetzt!

Und jetzt komme, gehe, stehe!
➤ Im Textzusammenhang wohl zu verstehen im Sinne von: Und jetzt komme auf die Welt, lebe auf der Welt und sterbe!

Weiche zurück!

> An meinen Gesprächspartner gerichtet

Fantasticus heiße ich und spiele mit Wolken.

> Synonyme für „spielen" sind nach dem Duden unter anderem „auftreten, die Funktion haben/übernehmen, erscheinen, fungieren, tätig sein, wirken, agieren".

Ich fliege zu ihnen hinauf

> Nämlich bei der Verdunstung meiner Körperflüssigkeit.

und falle ...

> und falle als Regen

Falle!

... und falle. Die Wolken sind mein.

> Zu „Wolken" schreibt Günter Harnisch: „Dieses Traumbild gibt Hinweis auf die gegenwärtige Stimmungslage des Träumenden. Weiße Wolken an einem blauen Himmel deuten auf Heiterkeit und Optimismus. Dunkle Regenwolken symbolisieren eine pessimistische oder depressive Stimmung. Brauen sich Gewitterwolken zusammen, so stehen hef-

tige Gefühlsausbrüche bevor." (Günter Harnisch). – Im Wö. d. dt. Spr. v. Be. hat „mein" als Possessivpronomen die Bedeutung von „mir gehörig, mir zugehörig".

Durchbreche mich, du Absurder,

➤ An meinen Gesprächspartner gerichtet. – Nach dem Wö. d. dt. Spr. v. Be. hat „absurd" die Bedeutung von „unsinnig, unvernünftig".

trockne und mahle mich und zerstreue mich im Wind!

Wo ist mein Atem?

➤ „Da formte Gott der Herr den Menschen aus Erde vom Ackerboden und blies in seine Nase den Lebensatem. So wurde der Mensch zu einem lebendigen Wesen." (1. Mose 2:7). – Synonyme für Atem sind nach Thesaurus unter anderem „Geist, Odem, Leben".

Ich forme die Erde, sie schmilzt in meinen Händen! – Oh, Fantasticus, du bist ein toter Mann!

➢ „Aber Jesus sprach zu ihm: Folge du mir und lass die Toten ihre Toten begraben!" (Matthäus 8:22)

18. Oktober 1962, Donnerstag (Fortsetzung vom 12. Oktober)

Wo bist du, fehlt dir dein Gesicht? Kennst du es? Ich frage dich nicht nach der Zeit. Die Steine liegen in einer Reihe. Sie liegen in einer großen langen Reihe. Bunte Steine von großem Gewicht. Zu viel für eine Waage, zu viel für eine Hand. Zähle den Schweiß, zähle die Wolken und die Sekunden. Dein Gesicht ist zerrissen, das Fleisch blutet, es ist rot und das Rot tropft, tropft schnell und fließt. Rufe deinen Namen, ach, das Gesicht. Es ist alles falsch gemacht. Und wenn ich dabei gewesen wäre. Ich grinse mit über. Meine lange Reihe grinst mit wollenen Krawatten. Lange Finger. Bewegung. Verzerrung. Oder? Verfluche diese Hand, die Kralle im weißen Licht. Wo ist die Handlung? Eine schwarze Gestalt. Sie kriechen über die Wände. Meine Finger. Sah ich das Fleisch? Ein Kreis.

Aufgliederung des Textes

Wo bist du? Fehlt dir dein Gesicht?

Kennst du es?

Ich frage dich nicht nach der Zeit. Die Steine liegen in einer Reihe. Sie liegen in einer großen, langen Reihe.

Bunte Steine!

Von großem Gewicht! Zu viel für eine Waage, zu viel für eine Hand. Zähle den Schweiß, zähle die Wolken und die ...

Sekunden!

Dein Gesicht ist zerrissen, das Fleisch blutet, es ist rot, und das Rot tropft, tropft schnell und fließt. Rufe deinen Namen – *„Ach, das Gesicht, es ist alles falsch gemacht!"* – Und wenn ich dabei gewesen wäre?! – *„Ich grinse mit über",* meine lange Reihe grinst mit wollenen Krawatten. *„Lange Finger, Bewegung, Verzerrung – oder?!"* –

Verfluche diese Hand, die Kralle im weißen Licht! – *„Wo ist die Handlung?",* eine schwarze Gestalt. Sie kriechen über die Wände, meine Finger: *„Sah ich das Fleisch?"*

Ein Kreis!

<u>Deutung</u>

 ➢ Tagebucheintrag inspiriert.

Wo bist du?

 ➢ Nach wem ich rufe, wird weiter unten angegeben.

Fehlt dir dein Gesicht?

 ➢ Im Wörterbuch der deutschen Sprache von Bertelsmann (Wö. d. dt. Spr. v. Be.) hat „Gesicht" an fünfter Stelle die Bedeutung von „Aussehen, Äußeres, Gepräge". – „Der Ausdruck des Gesichts kann seelische Befindlichkeiten widerspiegeln ..." (Günter Harnisch)

Kennst du es?

Ich frage dich nicht nach der Zeit.

 ➢ Wohl zu verstehen im Sinne von: Ich frage dich nicht nach der Uhrzeit, ich frage dich nicht, wie spät es ist.

Die Steine liegen in einer Reihe. Sie liegen in einer großen, langen Reihe.

 ➢ Nämlich, im Textzusammenhang, auf meinem Lebensweg. – Nach dem Wö. d. dt. Spr. v. Be. ist ein „steiniger Weg" im übertragenen Sinn ein „mühevoller Weg".

Bunte Steine!

> Im Wö. d. dt. Spr. v. Be. hat „bunt" an erster Stelle die Bedeutung von „farbig, mehrfarbig" und an zweiter Stelle von „mannigfaltig, vielgestaltig".

Von großem Gewicht!

> Von der „Last des Steines" handeln nach dem „Lexikon der sprichwörtlichen Redensarten" von Lutz Röhrich verschiedene Redewendungen. – Im Wö. d. dt. Spr. v. Be. hat „Gewicht" an vierter Stelle die Bedeutung von „Wichtigkeit, Bedeutung".

Zu viel für eine Waage, zu viel für eine Hand.

> „Die Hand ist das körperliche Instrument des menschlichen Handelns. Dementsprechend sind alle Träume zu deuten, in denen die Hand eine Rolle spielt ..." (Günter Harnisch)

Zähle den Schweiß, zähle die Wolken und die ...

➢ „Im Schweiße deines Angesichts sollst du dein Brot essen, bis dass du wieder zu Erde werdest, davon du genommen bist. Denn du bist Erde und sollst zu Erde werden." (1.Mose 3:19). – Zu Wolken heißt es im Traumlexikon von Günter Harnisch: „Dieses Traumbild gibt Hinweis auf die gegenwärtige Stimmungslage des Träumenden. Weiße Wolken an einem blauen Himmel deuten auf Heiterkeit und Optimismus. Dunkle Regenwolken symbolisieren eine pessimistische oder depressive Stimmung. Brauen sich Gewitterwolken zusammen, so stehen heftige Gefühlsausbrüche bevor."

Sekunden!

➢ Im Wö. d. dt. Spr. v. Be. hat „Sekunde" an zweiter Stelle (im übertragenen Sinn) die Bedeutung von „sehr kurze Zeit, Augenblick". In meinen inspirierten Tagebuchtexten symbolisieren „Sekunden" meist den kurzen Augenblick des sexuellen Höhepunkts.

Dein Gesicht ist zerrissen, das Fleisch blutet, es ist rot, und das Rot tropft, tropft schnell und fließt.

> Nämlich am Kreuz.

Rufe deinen Namen. –

> Ich rufe deinen Namen (nämlich den Namen Jesus). – „Etwas rufen" hat im Wö. d. dt. Spr. v. Be. die Bedeutung von „etwas laut, mit erhobener Stimme sagen".

„Ach, das Gesicht,

> Bezugnehmend auf „Dein Gesicht ist zerrissen ..."

es ist alles falsch gemacht!" –

> Im Textzusammenhang ein Kommentar zukünftiger Leser dieses Tagebucheintrags

Und wenn ich dabei gewesen wäre? –

> Und wenn ich bei der Kreuzigung dabei gewesen wäre, frage ich.

„Ich grinse mit über ...",

> Ich würde mit ihnen grinsen über ...

meine lange Reihe grinst mit wollenen Krawatten.

> Wohl zurückkommend auf obige Textstelle: „Die Steine liegen in einer Reihe. Sie liegen in einer großen, langen Reihe." – In meinen inspirierten Tagebuchtexten vergleiche ich uns Menschen bzw. werden wir Menschen des Öfteren mit Steinen verglichen, die ja wie wir körperlich aus Materie bestehen und die dazu im übertragenen Sinn Aspekte unseres seelisch-geistigen Verhaltens darstellen.

„Lange Finger,

> „Lange Finger machen" hat im Wö. d. dt. Spr. v. Be. im übertragenen Sinn und umgangssprachlich die Bedeutung von „stehlen". Dementsprechend kann übersetzt werden: Diejenigen, die darüber berichteten, hätten doch ihr Wissen früheren Schilderungen entnommen.

Bewegung,

> Im Wö. d. dt. Spr. v. Be. hat „Bewegung" an dritter Stelle die Bedeutung von „Ergriffenheit, Rührung" und an

vierter Stelle von „Bestrebung einer großen Zahl von Menschen (um etwas Neues hervorzubringen, ein geistiges, politisches, weltanschauliches Ziel zu erreichen)".

Verzerrung –

> ➢ Nämlich der Berichte über die Kreuzigung im Verlauf der zurückliegenden langen Zeit.

oder?!" –

Verfluche diese Hand,

> ➢ Nämlich meine, mir damals aber nicht bewusst, inspiriert bzw. automatisch schreibende Hand.

die Kralle im weißen Licht! –

> ➢ Mit dem „weißen Licht" ist sicherlich das Mondlicht gemeint, denn dieses symbolisiert in meinen Tagebuchtexten als ein indirektes Licht meist das Verstandeslicht, den Verstand, das Verstandesdenken.

„Wo ist die Handlung?", eine schwarze Gestalt.

> ➢ „Wo ist die Handlung?", fragt eine schwarze Gestalt. – „Alle im Traum

auftretenden Menschen können be-
stimmte Seiten der Persönlichkeit des
Träumenden verkörpern ..." (Günter
Harnisch). – „Schwarz ist im Traum
das Signal für einen seelischen Stillstand, auch für Trauer und Tod ..."
(Günter Harnisch)

Sie kriechen über die Wände, meine Finger:

> Nämlich über „die Wände" in Form
meiner im Rahmen der Inspiration automatisch schreibenden Finger. – In
meinen inspirierten Tagebuchtexten
symbolisiert die Wand, mir damals
nicht bewusst, oft die Trennwand zur
Geistigen Welt.

„Sah ich das Fleisch?"

> Sah ich das blutende Fleisch Jesu, fra-
gen sie.

Ein Kreis!

> Nämlich der Kreis, in welchem ich mich
während des Tagebucheintrags befand,
denn „Der Kreis ist, wie auch der Ring,
ein Ganzheitssymbol. Ihm wurde in alter Zeit in den Märchen und Mythen

die Kraft eines Schutz- und Abwehrzaubers zugeschrieben. Alles, was sich
im Traum in dem Kreis abspielt, hat
besondere Bedeutung. Allgemein signalisiert der Kreis im Traum eine Konzentration psychischer Energie." (Günter
Harnisch)

21. Oktober 1962, Sonntag

Heute war Besuch aus Krefeld da: meine Eltern, meine älteste Schwester, mein Brüderchen, mein Schwager. Ich weiß nicht, was ich über diesen Besuch schreiben soll. Ich möchte gern meine Eltern einmal allein bewirten. Es war so viel Hast unter den Leuten, die besonders von meinem Schwager ausging.

An sich ist wieder ein Tag verloren. Nur heute Abend hatte ich Gelegenheit, etwas zu lernen.
Es zwingt mich dauernd zu lernen, weil ich hoffe, durch ein breiteres Fundament meinen Denkweg besser beschreiten zu können. Allerdings ist das, was ich im Augenblick lerne, nichts Weltumstürzendes. Es hilft nur, meine Systematik vom Menschen zu ergänzen. Das eigentliche Problem liegt noch ganz fern.

22. Oktober 1962

Habe mich heute über meine Leichtfertigkeit im Präparierkurs geärgert. Beim Abtrennen des Glut. max. durchschnitt ich das Lig. sacrotuberale. Das war umso böser, weil alle meine Leute, die ich zu betreuen habe, dieses Ligamentum fein säuberlich herauspräparierten. Dieses Missgeschick verdarb mir die Laune. Sonst aber habe ich durch diesen Kurs schon sehr viel gelernt. Ich bin froh, mich dafür gemeldet zu haben. Hoffentlich habe ich Gelegenheit, auch im zweiten Präparierkurs Vorpräparant zu spielen. Der Nervenkurs ist interessanter, weil dort mehr Sorgfalt auf die Präparation gelegt werden muss. Nerven und Gefäße sind eben nicht Muskeln, von denen das Fett abgezerrt wird.

Ich habe mir jetzt vorgenommen, keinen Rotwein mehr zu trinken. Als ich gestern nach dem Essen etwas nahm, bekam ich Kopfschmerzen und ein komisches Gefühl im Leib. Der Gedanke an Rotwein widert mich jetzt beinahe an. Ich verfalle wieder dem Bier. Davon zwei Flaschen haben bisher dem lieben Heinz nur Gutes getan. Allerdings macht es müde. Doch alles in der Welt hat neben dem Vorteil einen Nachteil. Ob dieser Nachteil beim Bier überhaupt ein Nachteil ist, bezweifle ich, oder könnte ich bezweifeln. Denn die Müdigkeit nach einem gewissen Quantum ist sicher ein Schutz gegen allzu vieles Trinken.

Im Bewegungsbad habe ich heute KG's, Masseusen und Patienten mit Schokolade gefüttert. Am lustigsten war das Bild, als ich den im Wasser schwimmenden Patienten die Schokolade in den Mund drückte. Vor 14 Tagen habe ich einmal die Patienten wie Delphine nach der Schokolade springen lassen. Das war auch Anlass zu großer Heiterkeit. Überhaupt ist der „Tag der deutschen Frau" montags, mittwochs und freitags immer eine zwar mühsame, aber amüsante Sache. Man hat eben auch Spaß mit dicken Frauen. Ein junges Mädchen rege ich immer mit der Behauptung auf, der unter ihrer Schulterhaut fühlbare Nagel würde rosten und der Rost in Form von Rostflecken auf der Haut sichtbar werden. Sie ist dann immer sehr böse und meidet mich.

Ich habe schon einmal geschrieben, dass ich in der letzten Zeit versuche, das eigentliche Wesen meiner mich umgebenden Welt näher zu erfahren. Das ist bisher noch nicht so fortgeschritten, wie ich mir das vorgestellt habe. Schuld daran ist wohl die durch meine Beschäftigung am Tag bedingte Ablenkung. Wenn ich des Morgens aufstehe, bin ich eine Zeit lang mit dem Waschen und dem Frühstück beschäftigt. Manchmal lese

ich während des Frühstücks irgendetwas, dabei putze ich noch meine Schuhe. Auf dem Weg zur Bahn dann fällt mir ein, dass ich jetzt alle Voraussetzungen erfülle, produktiv zu denken. Ich beginne dann. Doch die philosophische Versenkung währt nur Sekunden. Vor, hinter und neben mir tragen junge Damen wohlausgebildete Reize zur Schau. Da gerate ich in Konflikt mit mir selbst. Auf der einen Seite nüchternste Abstraktion, auf der anderen Seite proportionierte Gegenständlichkeit. Was soll ich da machen? Wenn ich in der Straßenbahn bin, hat sich an diesem Zustand kaum etwas geändert. Vielleicht nur, dass hier die Ideenproduktion noch schwieriger ist. Denn die Straßenbahnluft und die Enge und die vielen Menschen sind kaum animierend, vor allem, wenn man gezwungen wird, in blöde Gesichter zu starren. Bei letzteren stelle ich mir zwar immer vor, dass ich auch diese Menschen lieben muss und dass mein Gesicht für sie wahrscheinlich gleich blöd ist wie das ihrige für mich, aber es ist auch eine Tatsache, dass eine gesunde Kritik, die zwar vorwurfsvoll, aber nicht polemisch ist, meist doch zu klareren Verhältnissen führt.
Nach der Straßenbahn gehe ich durch das Krankenhausgelände zur orthopädischen Klinik. Auf diesem Weg kommen mir manchmal Gedanken. Meist aber bleiben sie an den Steinen oder am Laub oder an den Bäumen hängen. Heute Mor-

gen sah ich die Sonne. Da sah ich sie anders als sonst. Ich sah in eine runde Fläche, die sich von der übrigen durch ihre Helligkeit absetzte. Ich fand Unterschiede in der Farbe. Ein dunkles Blau am Rand, in der großen Fläche wurde es zur Sonne heller. Sah ich überhaupt eine Sonne? Wie benenne ich das Ereignis, das sich dort abspielte. Was sah ich von der Sonne? Ein Kreis in einer Ebene. Und sah ich diese Ebene? Farben in großer Ferne, die meiner Hand, meinen Fingern auswichen. Wo sah ich das? Als ich am Meer stand? Ich kenne das Wasser. Es spiegelt den Himmel. Ich verändere das Wasser, wenn ich es herausnehme und es in den Händen halte. Es ist dann ruhig, ohne Sturm und Wellen und ohne Farbe. Und wenn ich die Luft nehme mit meinen Händen, dann suche ich sie vergebens. Der Mensch greift in den Himmel und sägt einen Baum für Feuer und pflanzt Korn für Brot.

Aufgliederung des Textes

Habe mich heute über meine Leichtfertigkeit im Präparierkurs geärgert. Beim Abtrennen des Glut. max. durchschnitt ich das Lig. sacrotuberale. Das war umso böser, weil alle meine Leute, die ich zu betreuen habe, dieses Ligamentum fein säuberlich herauspräparierten. Dieses Missgeschick verdarb mir die Laune. Sonst aber habe ich durch diesen Kurs schon sehr viel gelernt. Ich bin froh, mich dafür gemeldet zu haben. Hoffentlich habe ich Gelegenheit, auch im zweiten Präparierkurs Vorpräparant zu spielen. Der Nervenkurs ist interessanter, weil dort mehr Sorgfalt auf die Präparation gelegt werden muss. Nerven und Gefäße sind eben nicht Muskeln, von denen das Fett abgezerrt wird.

Ich habe mir jetzt vorgenommen, keinen Rotwein mehr zu trinken. Als ich gestern nach dem Essen etwas nahm, bekam ich Kopfschmerzen und ein komisches Gefühl im Leib. Der Gedanke an Rotwein widert mich jetzt beinahe an. Ich verfalle wieder dem Bier. Davon zwei Flaschen haben bisher dem lieben Heinz nur Gutes getan. Allerdings macht es müde. Doch alles in der Welt hat neben dem Vorteil einen Nachteil. Ob dieser Nachteil beim Bier überhaupt ein Nachteil ist, bezweifle ich – oder könnte ich bezweifeln. Denn die Müdigkeit nach einem gewissen Quantum ist sicher ein Schutz gegen allzu vieles Trinken.

Im Bewegungsbad habe ich heute KG's, Masseusen und Patienten mit Schokolade gefüttert. Am lustigsten war das Bild, als ich den im Wasser schwimmenden Patienten die Schokolade in den Mund drückte. Vor 14 Tagen habe ich einmal die

Patienten wie Delphine nach der Schokolade springen lassen. Das war auch Anlass zu großer Heiterkeit. Überhaupt ist der „Tag der deutschen Frau" montags, mittwochs und freitags immer eine zwar mühsame, aber amüsante Sache. Man hat eben auch Spaß mit dicken Frauen. Ein junges Mädchen rege ich immer auf mit der Behauptung, der unter ihrer Schulterhaut fühlbare Nagel würde rosten und der Rost in Form von Rostflecken auf der Haut sichtbar werden. Sie ist dann immer sehr böse und meidet mich.

Ich habe schon einmal geschrieben, dass ich in der letzten Zeit versuche, das eigentliche Wesen meiner mich umgebenden Welt näher zu erfahren. Das ist bisher noch nicht so fortgeschritten, wie ich mir das vorgestellt habe. Schuld daran ist wohl die durch meine Beschäftigung am Tag bedingte Ablenkung. Wenn ich des Morgens aufstehe, bin ich eine Zeit lang mit dem Waschen und dem Frühstück beschäftigt. Manchmal lese ich während des Frühstücks irgendetwas, dabei putze ich noch meine Schuhe. Auf dem Weg zur Bahn dann fällt mir ein, dass ich jetzt alle Voraussetzungen erfülle, produktiv zu denken. Ich beginne dann. Doch die philosophische Versenkung währt nur Sekunden. Vor, hinter und neben mir tragen junge Damen wohlausgebildete Reize zur Schau. Da gerate ich in Konflikt mit mir selbst.

Auf der einen Seite nüchternste Abstraktion, auf der anderen Seite proportionierte Gegenständlichkeit. Was soll ich da machen? Wenn ich in der Straßenbahn bin, hat sich an diesem Zustand kaum etwas geändert. Vielleicht nur, dass hier die Ideenproduktion noch schwieriger ist. Denn die Straßenbahnluft und die Enge und die vielen Menschen sind kaum animierend, vor allem, wenn man gezwungen wird, in blöde Gesichter zu starren. Bei letzteren stelle ich mir zwar immer vor, dass ich auch diese Menschen lieben muss und dass mein Gesicht für sie wahrscheinlich gleich blöd ist wie das ihrige für mich, aber es ist auch eine Tatsache, dass eine gesunde Kritik, die zwar vorwurfsvoll, aber nicht polemisch ist, meist doch zu klareren Verhältnissen führt.

Nach der Straßenbahn gehe ich durch das Krankenhausgelände zur orthopädischen Klinik. Auf diesem Weg kommen mir manchmal Gedanken. Meist aber bleiben sie an den Steinen oder am Laub oder an den Bäumen hängen. Heute Morgen sah ich die Sonne. Da sah ich sie anders als sonst. Ich sah in eine runde Fläche, die sich von der übrigen durch ihre Helligkeit absetzte. Ich fand Unterschiede in der Farbe. Ein dunkles Blau am Rand, in der großen Fläche wurde es zur Sonne hin heller. Sah ich überhaupt eine Sonne? Wie benenne ich das Ereignis, das sich dort abspielte. Was sah ich von der Sonne? Ein Kreis in einer

Ebene. Und sah ich diese Ebene? Farben in gro-ßer Ferne, die meiner Hand, meinen Fingern auswichen. Wo sah ich das? Als ich am Meer stand? Ich kenne das Wasser. Es spiegelt den Himmel. Ich verändere das Wasser, wenn ich es herausnehme und es in den Händen halte. Es ist dann ruhig, ohne Sturm und Wellen und ohne Farbe. Und wenn ich die Luft nehme mit meinen Händen, dann suche ich sie vergebens.

Der Mensch greift in den Himmel und sägt einen Baum für Feuer und pflanzt Korn für Brot!

Deutung
> ➢ Tagebucheintrag ab „Heute Morgen sah ich die Sonne" mit Sicherheit inspiriert.

Habe mich heute über meine Leichtfertigkeit im Präparierkurs geärgert. Beim Abtrennen des Glut. max. durchschnitt ich das Lig. sacrotubera-le. Das war umso böser, weil alle meine Leute, die ich zu betreuen habe, dieses Ligamentum fein säuberlich herauspräparierten. Dieses Miss-geschick verdarb mir die Laune. Sonst aber habe ich durch diesen Kurs schon sehr viel gelernt. Ich bin froh, mich dafür gemeldet zu haben. Hoffent-lich habe ich Gelegenheit, auch im zweiten Prä-

parierkurs Vorpräparant zu spielen. Der Nervenkurs ist interessanter, weil dort mehr Sorgfalt auf
die Präparation gelegt werden muss. Nerven und
Gefäße sind eben nicht Muskeln, von denen das
Fett abgezerrt wird.

Ich habe mir jetzt vorgenommen, keinen Rotwein mehr zu trinken. Als ich gestern nach dem
Essen etwas nahm, bekam ich Kopfschmerzen
und ein komisches Gefühl im Leib. Der Gedanke
an Rotwein widert mich jetzt beinahe an. Ich
verfalle wieder dem Bier. Davon zwei Flaschen
haben bisher dem lieben Heinz nur Gutes getan.
Allerdings macht es müde. Doch alles in der Welt
hat neben dem Vorteil einen Nachteil. Ob dieser
Nachteil beim Bier überhaupt ein Nachteil ist,
bezweifle ich – oder könnte ich bezweifeln. Denn
die Müdigkeit nach einem gewissen Quantum ist
sicher ein Schutz gegen allzu vieles Trinken.

Im Bewegungsbad habe ich heute KG's, Masseusen und Patienten mit Schokolade gefüttert.

> *Mit „KG's" sind Krankengymnastinnen*
> *gemeint.*

Am lustigsten war das Bild, als ich den im Wasser
schwimmenden Patienten die Schokolade in den
Mund drückte. Vor 14 Tagen habe ich einmal die
Patienten wie Delphine nach der Schokolade
springen lassen. Das war auch Anlass zu großer

Heiterkeit. Überhaupt ist der „Tag der deutschen Frau" montags, mittwochs und freitags

> ➢ *Gemeint sind die Behandlungstage für Frauen.*

immer eine zwar mühsame, aber amüsante Sache. Man hat eben auch Spaß mit dicken Frauen. Ein junges Mädchen rege ich immer auf mit der Behauptung, der unter ihrer Schulterhaut fühlbare Nagel würde rosten und der Rost in Form von Rostflecken auf der Haut sichtbar werden. Sie ist dann immer sehr böse und meidet mich.

Ich habe schon einmal geschrieben, dass ich in der letzten Zeit versuche, das eigentliche Wesen meiner mich umgebenden Welt näher zu erfahren. Das ist bisher noch nicht so fortgeschritten, wie ich mir das vorgestellt habe. Schuld daran ist wohl die durch meine Beschäftigung am Tag bedingte Ablenkung. Wenn ich des Morgens aufstehe, bin ich eine Zeit lang mit dem Waschen und dem Frühstück beschäftigt. Manchmal lese ich während des Frühstücks irgendetwas, dabei putze ich noch meine Schuhe. Auf dem Weg zur Bahn dann fällt mir ein, dass ich jetzt alle Voraussetzungen erfülle, produktiv zu denken. Ich beginne dann. Doch die philosophische Versenkung währt nur Sekunden. Vor, hinter und neben mir tragen junge Damen wohlausgebildete Reize zur Schau. Da gerate ich in Konflikt mit mir selbst.

Auf der einen Seite nüchternste Abstraktion, auf der anderen Seite proportionierte Gegenständlichkeit. Was soll ich da machen? Wenn ich in der Straßenbahn bin, hat sich an diesem Zustand kaum etwas geändert. Vielleicht nur, dass hier die Ideenproduktion noch schwieriger ist. Denn die Straßenbahnluft und die Enge und die vielen Menschen sind kaum animierend, vor allem, wenn man gezwungen wird, in blöde Gesichter zu starren. Bei letzteren stelle ich mir zwar immer vor, dass ich auch diese Menschen lieben muss und dass mein Gesicht für sie wahrscheinlich gleich blöd ist wie das ihrige für mich, aber es ist auch eine Tatsache, dass eine gesunde Kritik, die zwar vorwurfsvoll, aber nicht polemisch ist, meist doch zu klareren Verhältnissen führt.

Nach der Straßenbahn gehe ich durch das Krankenhausgelände zur orthopädischen Klinik. Auf diesem Weg kommen mir manchmal Gedanken. Meist aber bleiben sie an den Steinen oder am Laub oder an den Bäumen hängen. Heute Morgen sah ich die Sonne.

> ➢ *„Der Morgen, die Morgendämmerung, die Morgenröte, der Sonnenaufgang — diese Zeitangaben im Traum haben positive Bedeutung. Etwas Wesentliches rückt in das Bewusstsein des Träumenden."* (Günter Harnisch). — *„Die Sonne*

ist eines der positivsten Traumsymbole. Sie kennzeichnet im Traum stets produktive schöpferische Energie, die künstlerische Ideen oder Bewusstseinsprozesse in Gang bringt." (Günter Harnisch). – „Die positive (männliche) Kraft der Seele, Energiesymbol des Lebens, des Schöpferischen, des Befruchtenden, denn in den meisten Kulturen wird die Sonne als männlich angesehen. Wo sie im Traum aufgeht, da ist Erfolg in allen Lebensbereichen zu erwarten. Wo sie untergeht, mündet eine Glücksphase ins Alltägliche. Die leuchtende Kraft der Sonne erhellt unser Bewusstsein und macht uns für neue und gute Taten bereit ..." (Georg Fink). – „... Das leuchtendste und größte Energiesymbol ist die Sonne. Wo sie im Traum aufgeht, ist stärkste Wirkung, ist ein tätiger Morgen zu erwarten. Nur in den Wüstenträumen kann die sengende Glut dem Wanderer den Tod bringen. Sonst aber ist sie die Bringerin des Lebens, des Schöp-

ferischen, Befruchtenden. Sonnenuntergänge aber sind im Traum meist von
negativer Bedeutung, eine Bewusstseinsphase geht zu Ende." (Ernst Aeppli). – „… Betrachten wir die Sonne
(Orange) und die Erde (Blau), so finden
wir in ihnen Urbild und Vorbild des
Liebens. Das war auch der Inhalt der
Sonnenreligion Altägyptens und wird
auch die Religion des Wassermannzeitalters, des Evangeliums der Sonne sein."
(Heinrich Elijah Benedikt)

Da sah ich sie anders als sonst. Ich sah in eine
runde Fläche,

> Nach dem Wörterbuch der deutschen
> Sprache von Bertelsmann (Wö. d. dt.
> Spr. v. Be.) hat „rund" im übertragenen
> Sinn die Bedeutung von „schön, vollen-
> det". – In meinen inspirierten Tage-
> buchtexten symbolisiert die „Fläche"
> meist einen Lebensbereich bzw. unser
> irdisches Betätigungsfeld.

die sich von der übrigen durch ihre Helligkeit
absetzte.

> Im Wö. d. dt. Spr. v. Be. hat „Helligkeit" an erster Stelle die Bedeutung von „Lichtfülle" und an dritter Stelle (astronomisch) von „Leuchtstärke (eines Himmelskörpers)".

Ich fand Unterschiede in der Farbe. Ein dunkles Blau am Rand,

> Ein dunkles Blau am Rand des Himmels. – „... Blau ist die Farbe des Himmels, des Meeres und der stillen Wasser, die den Himmel widerspiegeln. Es führt uns in die Weite und in die Tiefe. Es eröffnet Neuland und zieht uns in die Ferne. Es vermittelt den Eindruck der Unbegrenztheit des Universums und der Seele ..." (Heinrich Elijah Benedikt in „Die Kabbala"). – „Als Farbe drückt das Blau Ferne, Weite und Unendlichkeit aus. Als Farbe des Wassers symbolisiert es aber auch das Unbewusste oder die weibliche Naturseite. Ein sehr dunkles Blau signalisiert Ruhe, Tiefe, Nacht und unter Umständen auch Tod." (Günter Harnisch)

in der großen Fläche wurde es zur Sonne hin heller.

> Im Wö. d. dt. Spr. v. Be. hat „hell" an erster Stelle die Bedeutung von „reich an Licht, von Licht erfüllt, mit viel Licht".

Sah ich überhaupt eine Sonne? Wie benenne ich das Ereignis, das sich dort abspielte. Was sah ich von der Sonne? Ein Kreis in einer Ebene.

> „Der Kreis ist, wie auch der Ring, ein Ganzheitssymbol. Ihm wurde in alter Zeit in den Märchen und Mythen die Kraft eines Schutz- und Abwehrzaubers zugeschrieben. Alles, was sich im Traum in dem Kreis abspielt, hat besondere Bedeutung. Allgemein signalisiert der Kreis im Traum eine Konzentration psychischer Energie." (Günter Harnisch)

Und sah ich diese Ebene? Farben in großer Ferne, die meiner Hand, meinen Fingern auswichen.

> Nämlich beim Greifen in den Himmel. — „Die Hand ist das körperliche Instrument des menschlichen Handelns. Dementsprechend sind alle Träume zu deuten, in denen die Hand eine Rolle spielt

..." (Günter Harnisch). – „Die Finger weisen meist auf Geschicklichkeit und einfache Gemütsregungen hin ..." (Günter Harnisch)

Wo sah ich das? Als ich am Meer stand?

➢ „Während Wasser in der Traumsprache auf die Gefühlswelt hinweist, symbolisieren die Ufer den Verstand, der die Gefühle eindämmt, kontrolliert und reguliert ..." (Günter Harnisch). – „Das Meer ist ein archetypisches Symbol für den Ursprung des Lebendigen überhaupt, nicht des persönlichen Lebens eines Individuums. In seiner unabsehbaren Tiefe und Weite stellt es im Traum das Kollektive Unbewusste dar. [...] Handelt der Traum am Meeresufer, so informiert er über eine Problematik im Grenzbereich zwischen dem persönlichen und dem Kollektiven Unbewussten ..." (Günter Harnisch). – Im Wö. d. dt. Spr. v. Be. hat „stehen" an vierter Stelle die Bedeutung von „sich an einer Stelle befinden".

Ich kenne das Wasser.

> „Das Wasser symbolisiert im Traum unbewusste seelische Energie. Es entspricht in etwa dem volkstümlichen Begriff Lebenswasser. Nach den Ergebnissen der modernen Wissenschaft wie in fast allen mythologischen Schöpfungserzählungen hat alles Leben seinen Ursprung im Wasser." (Günter Harnisch)

Es spiegelt den Himmel.

> Im Wö. d. dt. Spr. v. Be. hat „spiegeln " an erster Stelle die Bedeutung von „Lichtstrahlen zurückwerfen und dadurch blenden, ein Spiegelbild zeigen". – Im gleichen Wörterbuch hat „Himmel" an erster Stelle die Bedeutung von „Luftraum über der Erde, der als Halbkugel wahrgenommen wird" und an zweiter Stelle von „Aufenthalt Gottes oder der Götter sowie (nach christlicher Lehre) der Seligen, Paradies". – „Im Traum bedeutet der Himmel das Reich des Geistes, des hohen Gedankenfluges und den Ort, aus dem schöpferische

Einfälle stammen. Glückserlebnisse unterschiedlicher Art werden in unserer Alltagssprache oft als ‚himmlisch' bezeichnet. Insofern gibt das Bild des Himmels im Traum Auskunft über die Stimmungslage des Träumenden. Ein trüber, bewölkter Himmel weist demnach auf eine trübe, depressive Stimmung hin ..." (Günter Harnisch)

Ich verändere das Wasser, wenn ich es herausnehme und es in den Händen halte. Es ist dann ruhig, ohne Sturm und Wellen und ohne Farbe.

➤ „... Oft ist der Wind Hinweis auf starke geistige Energien. [...] Wo eine starke geistige Bewegtheit einsetzt, dort teilt sie sich oft im Traum als herannahender Sturm mit ..." (Günter Harnisch). – Zu „Wellen" bzw. Brandung heißt es beim gleichen Autor: „Die Bedeutung ist die gleiche wie die stürmisch bewegter Meereswogen. Je höher sie gehen, umso heftiger sind die Gefühlswallungen, die durch die Wellen symbolisiert werden. Geht die Brandung ruhig und gleichmä-

ßig, so weist dieses Bild auf ein ausgeglichenes Seelenleben hin." – Im Wö. d. dt.
Spr. v. Be. hat „farblos" an zweiter
Stelle (im übertragenen Sinn) die Bedeutung von „blass, fad, unlebendig"
und an dritter Stelle von „ohne Eigen-
art, ohne Profil".

Und wenn ich die Luft nehme mit meinen Händen, dann suche ich sie vergebens.

> „... Von jeher ist nun die Luft als das
> Medium des Geistes empfunden worden
> ..." (Ernst Aeppli)

**Der Mensch greift in den Himmel und sägt einen
Baum für Feuer und pflanzt Korn für Brot!**

Quellenverzeichnis

Ernst Aeppli: Der Traum und seine Deutung. Eugen Rentsch Verlag, Zürich 1943

Heinrich Elijah Benedikt: Die Kabbala. Verlag Hermann Bauer, Freiburg im Breisgau 2001

Bertelsmann: Wörterbuch der deutschen Sprache. Wissen Media Verlag GmbH (vormals Bertelsmann Lexikon Verlag GmbH), Gütersloh/München 2004

Dr. Friedrich W. Doucet: Das große Buch der Traumdeutung. Verlag Kremayr u. Scheriau, Wien 1978

Duden: Das Synonymwörterbuch. Dudenverlag, Mannheim/Zürich 2010

Duden: Die deutsche Rechtschreibung. Dudenverlag, Berlin/Mannheim/Zürich 2013

Georg Fink: Traumdeutung. Falken Verlag GmbH, Niedernhausen/Ts 1996

Günter Harnisch: Das große Traumlexikon. Herder Verlag, Freiburg im Breisgau 1989/1996

Pschyrembel: Klinisches Wörterbuch, 258. Aufl.

Redensarten-Index: Lexikon für Redewendungen, Redensarten, deutsche Sprichwörter

Lutz Röhrich: Lexikon der sprichwörtlichen Redensarten. Verlag Herder, Freiburg im Breisgau 2003

Thesaurus: Synonyme

Der Traumdeuter.ch (Internet)

Wahrig: Fremdwörterlexikon. Wissen Media Verlag GmbH, Gütersloh/München 2007

Wikipedia, die freie Enzyklopädie

Woxikon: Online Synonym-Wörterbuch